Marcas y Trazos del *Dibujo*
44 maestros modernos

Esta exposición
y la edición del presente catálogo
cuentan con el generoso
aporte de American Express

Marcas y Trazos del Dibujo
44 maestros modernos

Caracas, abril-junio de 1994

Exposición nº 20

Curador
Kosme de Barañano
con la asistencia de
Sally Radic

Dirección
Rita Salvestrini

Coordinación
Guadalupe Burelli

Diseño museográfico
Edmundo Díquez

Montaje museográfico
Víctor Díaz
Jairo Acevedo

Registro y control de obras
Elida Salazar

Rotulación de imagen gráfica
Ulpiano Jiménez
Vaisman y Paz, Asociados

Panel didáctico
Kosme de Barañano
Guadalupe Burelli
Mónica Domínguez

Desplegable informativo
Mónica Domínguez

Visita grabada y
programación audiovisual
Teresa Casique

Catálogo nº 19

Textos
Kosme de Barañano

Coordinación editorial
Kosme de Barañano
Mónica Domínguez
Guadalupe Burelli

Diseño gráfico
John Lange
Pedro Quintero
Guillermo Salas

Fotografías
Petre Maxim

Procesamiento electrónico
de textos
Sally Radic
Mónica Domínguez
Cristina Ledos

Supervisión de textos
José María Salvador
Mónica Domínguez
Cristina Ledos

Composición tipográfica
Pedro Quintero

Revelado electrónico
Fotocomposición Vidal

Selecciones de color
Colorscan

Impresión
Editorial Arte

Edición
1.000 ejemplares

ISBN 980-6334-25-6

**Han colaborado las
siguientes dependencias
del Grupo Consolidado:**

Vice-Presidencia de
Comunicaciones Corporativas
Elena Block

Gerencia de Comunicaciones
Omaira Botello
Claudia Furiati
Yubirí Arráiz

Gerencia de Eventos
Adriana Urbina
Raquel Mignoni
Luisela Benavides

Gerencia de Servicios Especiales
Graciela Eckols

Gerencia de Seguridad
Héctor Pineda

Inversedes

Fullmaster

Contenido

Curador

Kosme María de Barañano

Doctor en Historia del Arte de la Universidad de Bilbao, Catedrático de Historia del Arte invitado por la Universidad de Heidelberg, Alemania, entre 1983 y 1989, y, desde 1989, Catedrático de Historia del Arte en la Universidad del País Vasco. Ha trabajado en los Museos Hirschhorn and Sculpture Garden, Washington (Smithsonian Fellow en 1986) y Museo Nacional Reina Sofía, Madrid (subdirector en 1989-90). Es miembro de la Real Sociedad Vascongada de Amigos del País, del International Tanz Werkstatt de Bonn, de la Carl Justi Geselschat, del Consejo Asesor del Guggenheim, Bilbao. Ha realizado las curadurías y los correspondientes catálogos de diversas exposiciones, entre ellas: Ucelay, Museo de Bellas Artes de Bilbao (1981); Das Marionettentheater Universitätsbibliothek, Heidelberg y Frankfurt, Biblioteca Nacional, Madrid (1986); La obra gráfica de Iturrino, Real Academia de San Fernado (1988), Proyectos para el Metro de Bilbao, Museo de Bellas Artes de Bilbao (1989), Alberto Giacometti, Museo Nacional Reina Sofía (1990), Chillida íntimo, Real Academia de San Fernando, Madrid (1991), Tony Smith, Torre Picasso, Madrid (1992), Chillida en San Sebastián, Palacio de Miramar, San Sebastián (1992), Philip Guston.The Root of Drawing (1993). Ha sido asesor de las exposiciones Markus Lüpertz, Zurich (1991), Pierre Bonnard, Copenhague (1992), Joyas de Esculturas, Valencia (1993). En 1992 se desempeña como curador de la exposición Chillida: Escala Humana, presentada en el Centro Cultural Consolidado de Caracas. Es autor de diversas publicaciones, entre ellas: El concepto de espacio en la plástica del siglo XX (1981), Arte en el País Vasco (1987), Plastische Geometrie der Doscpirs Cartesoemme (1988), Criterios sobre la Historia del Arte (1993). Es colaborador de las revistas Goya, Coloquio-Artes, Tanzarchiv y Ballet journal y traductor del alemán al castellano de Heinrich von Kleist, Martin Heidegger y Edmund Husserl.

Agradecimientos

En el caso de esta exposición, como quizás en ninguna otra de las que presentamos, cabe manifestar públicamente nuestro reconocimiento a las familias cedentes de las obras expuestas. La naturaleza de la investigación realizada requirió de numerosas visitas a las casas particulares de los coleccionistas e innumerables sesiones de trabajo que fueron posibles sólo gracias a la generosa disposición de los propietarios de las obras. Al ceder las obras para la exposición fueron dejadas a un lado las consideraciones de índole personal, para privilegiar las de orden colectivo y hacer posible que el público venezolano conozca esta porción del patrimonio cultural existente en el país.

Este proyecto expositivo nace del profundo conocimiento que tiene Edmundo Díquez, arquitecto y amigo del Centro Cultural, sobre las colecciones de arte en Caracas y, en especial, de las que originan la presente exposición. Ha sido gracias a su generosa mediación que pudimos acceder a obras y documentos inéditos. A Edmundo Díquez nuestro sincero agradecimiento.

Agradecemos también el apoyo que nos otorgara Miguel Hausmann en su calidad de Vice-Presidente Director del Banco Consolidado y Gerente General de American Express, cuyo interés por las artes encuentra expresión predilecta en la obra gráfica. Su apoyo hace posible el presente catálogo.

Determinante fue la colaboración de Kosme de Barañano en su rol de curador. Su profesionalismo fue decisivo en la estructuración de este trabajo, coadyuvado en ello por la eficiente asistencia de Sally Radic.

Deseamos igualmente reconocer muy especialmente la receptividad manifestada por el señor Joseba Arregui Aramburu, Consejero de Cultura del Gobierno Vasco, ante la posibilidad de que esta muestra pueda ser disfrutada por el público del País Vasco.

Otras muchas personas e instituciones contribuyeron en una u otra medida al exitoso cumplimiento de este proyecto. A todas ellas nuestro aprecio y reconocimiento.

Fundación Banco Consolidado

Presentación

José Alvarez Stelling
Presidente
Fundación Banco Consolidado

En la exposición que hoy inauguramos, con el título *Marcas y trazos del dibujo,* hemos querido ofrecer a la atención del público una serie de interesantes planteamientos. La muestra propone, ante todo, un análisis de las múltiples modalidades con que los artistas abordan el dibujo en cuanto medio de expresión individual de su sensibilidad, sus emociones y sus conceptos. Esto me resulta particularmente significativo, pues el dibujo siempre me ha parecido un elocuente testimonio de la vida interior del artista en su deseo de materializar su singular concepción de los valores estéticos.

Se da además la sintomática coincidencia de que las obras exhibidas provienen de las colecciones de arte constituidas por tres ramas de un mismo núcleo familiar venezolano. Tal circunstancia reviste un doble especial interés. Manifiesta, de entrada, los logros que también se han alcanzado en Venezuela en el terreno del coleccionismo. En segundo lugar, revela y reafirma la confianza ante el destino de nuestro país.

Para el Grupo Consolidado es, pues, un gran honor presentar en nuestro Centro Cultural esta espléndida selección de dibujos de maestros modernos. No dudamos que dicha muestra contribuirá a difundir y hacer conocer dentro y fuera de nuestras fronteras el inapreciable legado artístico de Venezuela.

Deseo expresar aquí de la manera más categórica mi sincero agradecimiento a quienes han tenido la generosidad de prestarnos sus valiosísimas colecciones para el disfrute del público venezolano y de los ciudadanos del País Vasco, donde también se exhibirá esta muestra.

Centro Cultural Consolidado

Prólogo

Rita Salvestrini
Director
Centro Cultural Consolidado

La exposición *Marcas y trazos del dibujo*, que inauguramos hoy en el Centro Cultural Consolidado, constituye para nosotros un reto empeñativo en distintos, aunque complementarios, niveles.

Desde la vertiente fundamental de la génesis de la obra de arte, este heterogéneo conjunto de dibujos facilita de modo notable la comprensión de los recursos materiales y los procesos técnicos utilizados por el artista en el momento de dar cuerpo tangible a su idea.

Además, el hecho de que estos ochenta y ocho trabajos provengan de la mano de un grupo de los más influyentes artistas modernos permite realizar un oportuno abordaje de algunos de los principales estilos, tendencias, ingredientes formales y conceptos predominantes a lo largo de las últimas etapas de la historia del arte.

En tercer lugar, la exposición acierta a poner en luz la validez y significación del dibujo en cuanto expresión plenamente autónoma de la percepción, la emotividad, la inteligencia y el sentir estético del artista.

Cabe, por último, destacar el ejemplar valor cívico que esta muestra encierra. La riqueza y la calidad excepcionales de los trabajos y artistas incluidos en esta selección revelan a las claras la aguda sensibilidad y la lucidez de los propietarios de las obras en el terreno del coleccionismo.

Esperamos que, mediante la exposición que estamos ahora presentando, la colectividad de Venezuela pueda apreciar por sus propios ojos algunas expresiones genuinas de la modernidad artística.

Trasfondos de una exposición

Resulta útil destacar aquí ciertos datos que permiten aclarar los lineamientos conceptuales por los que se rige este proyecto expositivo y que ayudan a entender mejor las decisiones asumidas por la curaduría.

Entre los diferentes motivos que cimentan con la debida consistencia a esta muestra quisiéramos subrayar algunos que, por su índole, podemos agrupar en torno a tres núcleos fundamentales: los derivados de circunstancias históricas, los referidos a las implicaciones de carácter sociocultural, y, finalmente, los que traducen preocupaciones didácticas, vinculadas a su vez con los valores estéticos encerrados en ese grupo de obras.

Este tercer núcleo de elementos conceptuales ha sido ya puesto plenamente de relieve por Kosme de Barañano, curador de la muestra, en su texto para el catálogo. A lo largo de su ensayo, en efecto, además de definir con claridad los propósitos pedagógicos implícitos en su proyecto, el investigador se detiene a explicar, con lujo de detalles, las complejas facetas técnicas y formales, así como las calidades artísticas que se perfilan en el rico y heterogéneo conjunto de dibujos de maestros que estamos exhibiendo.

Si resulta, por tanto, innecesario volver a insistir aquí sobre esos aspectos didáctico-estéticos, ya suficientemente clarificados por Barañano, cabe aludir en breve apunte a otros motivos históricos y sociológicos que proporcionan, sin embargo, sólidas justificaciones adicionales a esta propuesta expositiva.

En la vertiente del devenir histórico, por ejemplo, es particularmente revelador el focalizar la atención sobre una doble convergencia de acontecimientos. Por una parte, como ya acota Kosme de Barañano en su escrito, las familias venezolanas Villanueva-Arismendi, Plaza-Arismendi y Alvarez Stelling, son descendientes directos del vasco Juan Bernardo Arismendi, un nativo de Fuenterrabía que, al servicio de la Compañía Guipuzcoana, se radicó en Venezuela en los lustros finales del período colonial. Por otro lado, esas tres ramas familiares, crecidas en un enriquecedor ambiente de educación refinada y de profundo amor a la cultura, han constituido en el transcurso del tiempo tres de las colecciones privadas de arte más importantes de Venezuela.

Así, la feliz confluencia de tales coyunturas históricas —el hecho de que los actuales descendientes venezolanos de aquel remoto guipuzcoano coincidan en la acendrada estima de los valores culturales y en la creación de valiosos fondos artísticos—, hace más que legítimo el propósito de plantear de modo orgánico y monográfico un segmento común de esas tres magníficas colecciones ante el público de Venezuela y del País Vasco, donde también se exhibirá la muestra luego de clausurarse en el Centro Cultural Consolidado de Caracas.

Justo es destacar que en todos los países desarrollados hay grupos familiares que aciertan a distinguirse con rango excepcional gracias a las colecciones de arte que llegan a establecer a través de muchos años, a veces a lo largo de varias generaciones, con el esfuerzo mancomunado de todos sus miembros. Basta referirse, por mencionar sólo algún ejemplo, a las colecciones familiares de los Guggenheim, Hirshhorn, Carnegie, Mellon, Barnes, Getty, Frick o Cantor en los Estados Unidos, a la de los Thyssen o Beyeler en Alemania y Suiza, a la de los Maeght en Francia, a la de los Chateaubriand en el Brasil.

Dichas colecciones familiares constituyen un invalorable y necesario complemento a los fondos artísticos de los museos estatales y demás colecciones públicas o nacionales. Tal complemento se hace efectivo a través del camino de la exhibición de las colecciones familiares, sea en muestras dedicadas exclusivamente a ellas, sea en el contexto más amplio de ciertas exposiciones temáticas. De tal modo, mediante el préstamo temporal de sus colecciones privadas las familias ejercen la modalidad de contribuir al enriquecimiento cultural de la comunidad.

En nuestro caso, el hecho de que las tres ramas de los Arismendi hayan conformado y mantengan tres valiosísimas colecciones de grandes maestros del arte universal en nuestro país revela, de paso, otros dos aspectos dignos de ser tenidos en consideración. Demuestra, ante todo, que también Venezuela cuenta con un grupo de familias y personalidades privadas que han asumido con extrema lucidez y eficacia el empeñativo reto de crear patrimonios artísticos. Además, la presencia de estas colecciones en territorio nacional manifiesta a todas luces una fe sin reservas en el destino del país y una confianza absoluta en las potencialidades de su gente.

En resumen, todo ese plexo de sutiles consideraciones a que hemos aludido aquí constituyen una firme trama conceptual y valorativa, subyacente a la presente muestra.

Al exhibir esta selección monográfica de dibujos de grandes maestros, el Centro Cultural Consolidado busca, desde luego, facilitar el conocimiento y aprecio de la íntima e importante técnica del dibujo. Busca también convocar a la memoria, rescatándolos del olvido, hechos de la historia de nuestro país vividos por una de las familias que tuvo un claro protagonismo en nuestro proceso de desarrollo republicano. Pretende, por último, que esta muestra contribuya también a la divulgación y estudio del patrimonio artístico existente en Venezuela dentro y fuera de nuestras fronteras.

A este propósito, no deja de ser sintomática y gratificante la coincidencia de que sean precisamente los ciudadanos del País Vasco quienes puedan ahora, mediante nuestra iniciativa, descubrir un segmento de los fondos artísticos reunidos por los actuales descendientes venezolanos de aquel ilustre guipuzcoano, Juan Bernardo Arismendi, arribado a nuestras siempre abiertas y receptivas costas en los ya lejanos años finales del siglo XVIII.

Introducción al Dibujo

Kosme de Barañano

Esta exposición y catálogo tienen la intención y razón de presentar al público venezolano y vasco una selección de 88 obras bajo un hilo argumental que intenta ser, en primer lugar, una introducción a la práctica de esta actividad artística, el dibujo.

El dibujo nos revela gran número de claves del proceso creador de un artista. La idea de la obra a realizar (el producto idealizado), por un lado; y, por otro, los caminos y vericuetos —las sendas perdidas y los claros del bosque— por donde libre y espontáneamente "discurre" la voluntad interna del creador. El dibujo, como modo típico de la cultura profesional de un artista, conserva —en palabras de Giulio Carlo Argan— "un valor en sí, independientemente de la obra en vista de la que ha sido hecho: en realidad, la obra no es sino la conclusión unitaria de un ciclo de experiencias, cada una de las cuales tiene, como acto de existencia, un sentido completo".

Una mirada sobre la Historia del Dibujo es una mirada a toda la historia del hombre. Los primeros dibujos están ya en las cuevas prehistóricas del País Vasco o en las estaciones venezolanas de petroglifos o geoglifos. El paso del *homo faber* al *homo sapiens*, que se da en Altamira o en Lascaux, se caracteriza porque éste último *diseña* en sus cuevas. Del auriñaciense al magdaleniense, entre treinta mil y diez mil años antes de Cristo, el hombre está dejando ya huella estética de sí mismo, en las cuevas de Santimamiñe o en los abrigos rocosos de Apure o de Bolívar. Parece que el destino del hombre ha seguido la frase que los romanos dejaron puesta en boca de Apeles: *nulla dies sine linea.* Que no pase un día sin dejar una marca de uno mismo. *Nulla dies sine linea*, reflejada también en la obra de Francisco de Goya, o en la de Philip Guston, o en la de Joan Miró, o en la de Valerio Adami.

Formación de una colección

Detengámonos, por poner un ejemplo concreto en Caracas, en la historia de la colección alrededor de la cual gira esta muestra: la llevada a cabo en su momento por dos personas, el matrimonio D. José Luis Plaza y Beatriz Arismendi. El Dr. Plaza Alemán, secretario de la Embajada de España en Londres en el momento de la guerra civil española, escoge, tras el comienzo de la Segunda Guerra Mundial, Venezuela como país del exilio. Venezuela es, desde la muerte del dictador Gómez, en 1935, un país próspero y rico. Como otros muchos españoles republicanos (como por ejemplo los Azcárate), Plaza compone esa emigración obligada y culta de la España peregrina que ha germinado y enraizado profundamente en su tierra de acogida. José Luis Plaza se casa con Beatriz Arismendi en 1949, fecha de partida de una afición al arte que extenderán por la capital venezolana, donde a partir de los años cincuenta se organizan diversas colecciones.

Beatriz Arismendi Amengual es la menor de las tres hijas de Juan Bernardo Arismendi, un activo promotor y constructor descendiente de vascos de Fuenterrabía (Guipúzcoa). Su bisabuelo, del mismo nombre, había desembarcado con la Compañía Guipuzcoana dos siglos atrás en el puerto de La Guaira, desarrollando desde entonces actividades edilicias; de él provienen dos líneas de descendencia: la de los Arismendi de Juan Bautista, un reconocido general independentista (de la que proviene la familia Alvarez Stelling) y la de Juan Bernardo, dedicado a la construcción. El mundo de la música y del arte está siempre presente en estas familias. Sea el mundo de la pintura local, la que tiene el monte Avila como referente permanente en la de María Cristina (Pimpa), sea el mundo de las vanguardias constructivistas y cinéticas en la casa de Isabel Margarita (Margot). Esta, la mayor de las hermanas, se casa en 1933 con el arquitecto Carlos Raúl Villanueva, que construye en París el Pabellón de Venezuela frente al Pabellón de la República Española, que lo hace José Luis Sert. A través de éste último, ya de profesor en Harvard, surgirá una amistad de los Villanueva-Arismendi con el escultor americano Alexander Calder, que ha realizado la *Fuente de Mercurio* para el patio del vanguardista edificio español.

Esta relación originará que su casa caraqueña sea una casa fundamentalmente *móvil*.

Beatriz Arismendi, la menor de las hijas de Juan Bernardo, al casarse con José Luis Plaza, se traslada a una casa en la urbanización La Florida, realizada a principios de los treinta por el arquitecto Carlos Blaschitz. Es una casa sin nombre, pero reconocible a todas luces y distancias porque es una villa florentina colocada en una vegetación tropical.

Esta tendencia a lo toscano marca también su viaje de bodas a Italia, donde, leyendo una revista en el tren, observan un cuadro de Morandi, y deciden visitar al artista en su estudio de Bolonia. De este viaje y de esta fecha surge la admiración por la obra de Morandi, a quien comprarían obras (cuadros, dibujos o grabados) todos los años en su atelier de la via Fondazza o en el pueblito de Grizzana, a la sombra de los Apeninos. La biografía del matrimonio Plaza-Arismendi, lejana de mundanidad y de sociedad, es en cierta manera una vida franciscana, de lectura y sosiego, como la de Morandi; sólo les diferencia el mundo de los viajes. Su colección llegó a tener treinta óleos e innumerables dibujos, recorriendo todo el período vital del artista italiano. Colección que era completada por obras de De Chirico, Sironi, De Pisis y otros artistas italianos, o españoles como Picasso y Gris. En la Fundación Mendoza de Caracas se hizo una presentación de aquella colección como "Homenaje a J.L. Plaza", con un bello texto de recuerdos del que fue director del Museo de Bellas Artes de la capital venezolana, el historiador Miguel Arroyo.

La selección de esa exposición, realizada con muy diversas fuentes y colecciones —pero siguiendo el criterio de la señora Arismendi—, partía en principio de más de cien dibujos por una parte y por otra de una inmensa biblioteca de libros raros, incunables, encuadernaciones especiales e innumerables libros de artistas (Matisse, Bonnard, Picasso, etc.) y carpetas de grabados (fundamentalmente Goya). En esta ocasión, en cambio, hemos querido detenernos únicamente en el tema del Dibujo, que es, sin embargo, el que más califica el espíritu fino y cartesiano del gusto Plaza-Arismendi.

Las colecciones de Dibujo, que han escapado bastante al boom de los años 80, están formadas por un devoto y atento círculo de seguidores, y su mercado ha sido siempre un mercado sin ruidos ni estridencias. Incluso las grandes subastas, como la del banquero Henry Oppenheimer (460 piezas) en el Londres de 1936, o la de Robert von Hirsch en 1979, no han atraído nunca a la prensa. Pensemos también que la propia vida de los museos modernos se ha despertado oficialmente bastante tarde al mundo del Dibujo. Los departamentos de Dibujo, a excepción del del Art Institute de Chicago (en manos de Harold Joachim), son posteriores a 1960, en que se constituye el del Metropolitan Museum de Nueva York (con Jacob Bean), o tan recientes como el del Getty de 1981 (con George Goldner). Mientras los coleccionistas privados americanos —como Paul Sachs en Harvard, Ian Woodner en Nueva York o John Gaynes en Kentucky— se han centrado en los *old masters*, los Plaza-Arismendi se centraron en el dibujo contemporáneo fundamentalmente. El perfil característico de su elección fue el buen criterio en la selección y la falta de prepotencia, que ha determinado al coleccionismo posterior a los años 50. El ojo crítico de José Luis Plaza y la mirada culta de Beatriz Arismendi han recorrido todas las grandes pinacotecas europeas y norteamericanas; sus amigos de viaje han sido profesores como Pierre Rosenberg o directores de museos como Norman Reid (Tate Gallery, Londres) o Franco Russoli (Pinacoteca Brera, Milán).

Esta mirada, profunda y crítica, la conserva Beatriz Plaza no sólo para hablar de obras de arte, para disfrutar de su contemplación, sino también para analizar la sociedad en la que le ha tocado vivir. Sus descripciones de situaciones vitales de las que ha sido testigo van siempre más allá de lo anecdótico para cifrar en dos pinceladas toda la profundidad de la relación social o de la estructura sociopolítica en las que se producían. Puedo recordar su descripción del enfado (racista) de la muchacha de servicio de los Sert cuando la hija se casa con un americano de color, o la descripción de un *tableau* "tremendo" de la España clásica. Una visita a la familia García Lorca en Cape Cod: la hija casada con Montesinos, Paco casado con la hija de Fernando de los Ríos, la viuda paralítica en una camilla de Isabel, la soltera, *todos de negro*. Si ésta era la España del exilio, ¡cómo debía ser la España del interior! En otro sentido, con más color, son sus descripciones de Balthus (pantalón negro, chaqueta de ante con ribete negro, pañuelo *chiffon* negro) con su primera mujer (de Christian Dior) y su segunda mujer (una japonesa en kimono) en una cena en Florencia. Pero la mejor manifestación de su especial mirada, más que las anécdotas, es la presentación de la selección de dibujos que alguna vez pasaron por sus manos.

El sentido de la exposición

El ordenamiento de las obras elegidas para esta presentación como una introducción a la práctica del dibujo se ha establecido en diez apartados o secciones. Un primer capítulo que intenta dar un repaso a los *Estilos en la Historia,* en la diferencia que hay en el uso del lápiz entre Ingres y Seurat, entre Bonnard y Giacometti, entre Klee y Nicholson, etc.; en él se comentan una a una las 17 obras presentadas. El segundo apartado, *La ruptura del cubismo,* trata de señalar, con dos ejemplos de Juan Gris y uno de Georges Braque, cómo la concepción renacentista del cuadro-ventana se rompe con la experimentación cubista. El tercer apartado es una mirada hacia las experiencias en los años treinta de Klee, Kupka, Feininger, etc., *La síntesis postcubista,* que intenta revisar las concepciones de los movimientos de vanguardia desde su propio plasma. El apartado cuarto, *El grafismo pictórico,* trata de aquellos artistas en los que la consideración del color ha sido primordial frente a la consideración de la línea —en el sentido en que se diferencia la obra de

Duccio de la de los artistas florentinos—, con ejemplos de Balthus, De Staël, Bissier, etc. El apartado quinto es un género clásico, *El desnudo,* con obras de Klimt, Guttuso, De Pisis, etc. El apartado sexto, *La Abstracción,* se dedica a dibujos sin referente figurativo —o casi sin referente—, como la abstracción lineal de Nicholson, la abstracción lírica de Tobey, o el mundo de la mancha en Morlotti y Dubuffet. El apartado séptimo se dedica a *La Caricatura,* incluyendo una de los propios coleccionistas. En el apartado octavo, *Dibujos de escultores,* se hace un análisis de la forma diferente de utilizar el medio gráfico por parte de los escultores, presentes con una muy amplia relación en la colección, y el último capítulo se dedica a *Morandi frente a Calder,* queriendo comparar en él no sólo dos formas de coleccionismo distinto (el de Beatriz Arismendi de Plaza frente a su hermana Margot Arismendi de Villanueva), sino a la vez dos formas de dibujo subyacentes a dos mundos estéticos, el estatismo de Giorgio Morandi, casi metafísico, frente al dinamismo de Alexander Calder, siempre lúdico.

Dibujo, Pintura y Técnicas

El dibujo no es sólo representación: el dibujo se define a sí mismo, en oposición a la escritura, que es una simple representación del habla. Esta autodefinición del discurso dibujístico es una propiedad estructural de su estilo, de su marca, de la herida que todo punzón tatúa, de su *ductus* sobre otro medio: sobre el que *dis-curre* o en el que se *des-troza*.

El dibujo, como la pintura, es más que una simple representación de ideas, es experiencia conceptual y formal. Para el espectador del arte es importante conocer cómo y con qué medios se producen o se manifiestan estas experiencias. No sólo el historiador de arte interpreta marcas y trazos. Lo hace el doctor ante una placa de rayos X del pecho de su paciente, leyendo tonalidades de grises; lo hace el controlador aéreo ante su pantalla de radar, dando significado a puntos y referencias; y lo hace el científico ante las reacciones de formas que observa en su microscopio.

Al enfrentarse con el arte de un período determinado conviene insistir en el complejo histórico, cultural, económico y social en el cual se integra o del que habla ese fenómeno artístico, aludiendo a las formas de pensamiento, a los temas iconográficos o a la estética general de la época; pero también hay que insistir en la instrumentación técnica que se tenía a disposición en ese período.

No hay obra de arte sin esfuerzo, sin *ars* o *techné*, sin técnica. Lo ha dicho el poeta Federico García Lorca: "si de verdad que soy poeta por la gracia de dios o del demonio, también lo es que lo soy por la gracia de la técnica y del esfuerzo, y de darme cuenta en absoluto de lo que es un poema". La Historia del Arte, si no promovida, sí está removida por hechos técnicos. La crisis del Renacimiento coincide con la crisis de los objetos técnicos; y no únicamente en el campo de la arquitectura nuevas técnicas (pensemos en Brunelleschi) hacen que cambien las respuestas, cuando no las preguntas, que el hombre se hace. El hombre encuentra un nuevo instrumento —ha señalado Jean Piaget— y el instrumento determina una nueva forma de aprehender, de captar y de modificar la realidad.

Por eso hay que explicar la entraña del Dibujo y de la Pintura desde los mecanismos internos, desde su organicidad, desde su *plasma*. Es decir, *en su formación*, en el camino de cómo es hecha; al igual que, para hacer la crítica gastronómica de una salsa o de un pastel, es necesario indicar más o menos su *cocina*.

Con el Renacimiento aparecen nuevos géneros y subgéneros plásticos, nuevos métodos de realización (el óleo, el grabado, etc.), y nuevos estadios en el proceso de trabajo. Los dos primeros puntos son de sobra conocidos, pero se ha comentado muy poco el tercero, la novedad en las etapas primarias de creación. Por ejemplo, los trabajos preparativos de composición que pasan de bocetos a carbón en papel o en cartón (esto es, con medios únicamente gráficos) al tablero experimental (esto es, con medios directamente cromáticos). Esta práctica permitirá a la pintura liberarse del plasticismo estructural del linealismo florentino. Podemos citar los bocetos de Leonardo en 1504, los óleos sobre papel o cartón de Vasari, Beccafumi o Cigoli, o los óleos y pasteles sobre pequeños lienzos de Tintoretto.

Gran parte de lo que entendemos por *estilo* de un pintor o de un escultor depende de su técnica, de cómo prepara los lienzos para pintar y sobre qué bases pinta; en el caso del escultor de su ojeo sobre la veta del mármol o de su dominio del proceso de fundición. Conocida es la habilidad de Ghiberti con la colada del bronce frente a Donatello, cuyo estilo expresivo está ligado al cincel y a la necesidad de limpiar gangas y rebabas. Donatello hace —y no es una excepción en la Historia del Arte— de una insuficiencia, o mejor dicho, de la superación de las limitaciones en el manejo del bronce, su marca técnica, su estilo personal de expresarse.

La historia de la pintura al óleo es, *desde el punto de vista técnico*, una historia del desarrollo y de la investigación en los procesos de secado. Precisamente en el cambio de siglo producido entre el XIV y el XV se da un constante estudio de recetas:

• para el tratamiento de aceites (por ejemplo, se constata que el de nuez supera al de semillas),

• para el mejoramiento de su fuerza de secado (por ejemplo, a través del calentamiento de sales minerales), o

• para el dominio del color y de su transparencia (por ejemplo, que al calentarse y secarse no se oscurezcan —y se eliminen con ello— las cualidades de los pigmentos). Se verá así que el blanco de plomo es el pigmento más importante o más usado en la pintura al óleo, especialmente para la mezcla de colores. Este color no existe en la acuarela y, si nos preguntamos por qué, veremos que la repuesta se basa en dos razones técnicas: porque en la acuarela el papel hace de blanco —si se *reserva*— y porque en la acuarela el blanco de plomo se oscurece al contacto con el aire, pues no está protegido por un óleo o un barniz.

Así se diferencia la acuarela de Constable del gouache de Fautrier. En el gouache no hay transparencia, es un *bodycolor*, porque lleva pigmentos con agua y goma arábiga. La acuarela, sin embargo, no lleva un fijador como el gouache que es así más seco y más cubridor, esto es, más opaco. Por eso, la acuarela se desliza, sin necesidad de blancos, y se abre a más tonalidades en su propio fluido.

Entre otras reacciones podemos señalar la del azurita o azul ultramar, sacado del lapislázuli, pigmento que con el óleo reacciona químicamente, formándose una mezcla verdosa o transformándose con yema de huevo —en la témpera— en un difícil gris. ¿Cómo usar, pues, este azul, que con agua daba tan intensos tonos reflejando sus partículas de grano una luz de carácter pétreo? Cennini y luego Vasari recomiendan utilizar siempre los azules no con yema de huevo sino con cola de pergamino, pues, debido a su grano, el ultramar no se adapta a la superficie de la témpera si no se mezcla con una buena cola. Así podremos explicar cómo Van Eyck en su *Juicio final* pinta primero los azules mezclados con albayalde, mientras que para los demás colores lo hará con óleo.

La técnica nos va explicando cómo la témpera se da sobre pergamino con colas para que no salgan las grietas o las uniones de las maderas, cómo las colas se mezclan con sustancias como miel, vinagre o azúcar para aumentar su ductibilidad, o cómo la cola de conejo, frente a las de pegamento, de piel o de huesos, no encoge y por lo tanto no hace sufrir a las maderas.

La técnica nos explica también las ventajas que el óleo presenta frente a la tempera:

- la posibilidad de pinceladas más anchas y más diminutas,
- la posibilidad de combinar los colores, montarlos y variarlos mientras la mezcla está húmeda,
- la posibilidad de cubrir los colores, de crear veladuras, o de ambos efectos,
- la facilidad para todo tipo de correcciones, incluso compositivas (correcciones que hoy podemos detectar a través de otro medio técnico como los rayos X, y analizar así mejor el proceso de creación de una obra),
- el hecho del secado sin apenas cambios de tonos.

El secreto de los Van Eyck y sus contemporáneos no está, sin embargo, en el descubrimiento de una nueva técnica pictórica (los análisis han demostrado que el óleo era ya conocido y usado antes de ellos), sino en una complicada, pero consecuente, conformación de la pintura que saca brillo a los colores en el aceite de un modo óptimo al crear formas con diversas capas y manos de pintura; conformación introducida en una nueva visión del hecho artístico, la visión y la mirada del Renacimiento.

El término Dibujo

Desde el punto de vista del análisis historiográfico, el dibujo, en cualquiera de sus variantes, de boceto a obra acabada, califica la *oeuvre* de cualquier artista en su dimensión más profunda. El dibujo es su raíz y determina la ruta de su quehacer plástico: "c'est la probité de l'art", en palabras de Ingres. El término *dibujo*, del verbo *dibujar*, es según el diccionario Corominas, una palabra común a los tres romances ibéricos y a las lenguas medievales de Francia significando: "primero 'representar gráficamente' (esculpiendo, pintando o dibujando) y también 'labrar madera'; el origen es incierto, pero es probable que las lenguas iberorrománicas lo tomaran del francés antiguo *déboiser* 'labrar madera', 'representar gráficamente', el cual derivaría de bois 'madera' (...) la acepción moderna 'delinear en una superficie, representando de claro y oscuro la figura de un cuerpo' es predominante en el siglo XVII".

El término dibujo en la Historiografía del Arte es el término *disegno*. Durante los siglos XVI y XVII el concepto de *disegno*, como el castellano *dibujo*, se refirió a todas las artes visuales. Atendiendo únicamente a la Pintura, *disegno* se aplicaba a la actividad preparatoria de dibujo para la ejecución de un cuadro. Aplicado el término a un cuadro terminado, denotaba entonces una parte constituyente del mismo, diferente de otras tales como la *invenzione* y el *colorito*, y sujeta así al juicio de todo espectador sin necesidad de referirse a si había dibujos preliminares o no. En este sentido lo usa Giorgio Vasari en *Le Vite* (v. 254, Florencia, 1550), cuando, al hablar del cuadro titulado *La Tempesta,* que él atribuye a Palma el Viejo, señala que era una obra excepcional "nel disegno, nell' invenzione e nel colorito".

Paolo Pino en su *Dialogo della Pittura* (Venecia, 1548) distingue el *disegno* en cuanto disciplina y en cuanto actividad preparatoria para el pintar. Son enormemente didácticas las aclaraciones históricas de Maurice Poitier en *Studies on the Concepts of Disegno, Invenzione and Colore in Sixteenth and Seventeenth Century Italian Art and Theory* (New York University, 1976).

Precisando más, podríamos señalar:

    el diseño como concepción

    el diseño como esbozo y

    el diseño como materialización.

Hay que distinguir siempre entre el diseño como dibujo propiamente dicho, y el diseño como parte constituyente de una obra pictórica; es decir, distinguir el esbozo y la materialización —que son algo concreto, físico— de la concepción, que es algo abstracto. Aunque para ambos conceptos se utiliza el mismo término. El doble sentido lo encontramos también en la orden dirigida a sus alumnos por Ingres: "toujours dessiner, dessiner des yeux quand on ne peut dessiner avec le crayon".

Me referiré a partir de ahora al *disegno* como dibujo físico. Esto es, a las *marcas* y a los *trazos* con que la mano del artista se manifiesta *sobre un soporte* del tipo que sea (papel, piedra, madera, etc.). El dibujo se forma en el encuentro entre un medio gráfico y un soporte.

Tipos de Dibujos

El dibujo es un arte en sí mismo, y a la vez la base necesaria para otras artes, especialmente el grabado, el *design*, la pintura, el relieve, la escultura. Los principales medios de la historia del dibujo han sido la tinta y los lápices, pero no son los únicos. Yves Klein pintó con cuerpos, Lucio Fontana con cuchillos, Richard Long con piedras, Louis Soutier con las manos, etc.

Podemos, pues, considerar los tipos de dibujo clásico conforme a diversas maneras de análisis, dependiendo de si analizamos:

a) *los materiales utilizados* para realizarlos

b) *el sentido del contenido* de los mismos, en su sentido teórico (concepto o expresión) o en su sentido práctico (prefiguración, detalle, etc.)

c) *la iconografía del contenido,* lo que se llama géneros del dibujo (retrato, paisaje, vedute, etc.)

d) *su finalidad,* el fin para el que han sido realizados o sirven (bocetos, modelos, etc.)

a) Podemos distinguir —sigo en cierta manera la clasificación de ese ensayo excelente de James Watrous, *The Craft of the Old-Masters Drawings* (Madison, 1957)— los dibujos clásicos *por el material utilizado* en:

1. dibujos con tintas (utilizando como medios de transporte la pluma o el pincel)

2. dibujos con puntas duras (de diversos metales)

3. dibujos con puntas blandas (sean barras de piedras naturales o artificiales).

Tenemos así que considerar los dibujos con tintas en dos clases, dependiendo del instrumento con que se coloca la tinta sobre el papel:

1.1. Dibujos a pluma. La pluma es un medio de transporte para manejar la tinta, sacado de plumas de aves (en latín, *penna*), generalmente de ganso por su dureza, o sacado de cañas (en latín, *canna*) de bambú. En 1830 James Perry crea en Inglaterra las primeras pluma metálicas (*stylus*), plumillas engarzadas a un palillero, que desembocarán en las plumas estilográficas y en los actuales rotrings y bolígrafos.

1.2. Dibujos a pincel. El pincel es un medio de transporte para manejar la tinta utilizando pelos de animales. Según que el engarce de los pelos sea redondo o lineal o en punta, el pincel traza unos recorridos diferentes; así como dependiendo de su anchura y de la carga de tinta que recoja (más aguada o más seca). Otro factor depende de la calidad del pelo, destacando la calidad de flexibilidad y de humedad para recoger y transportar la tinta de la marta cibelina, pero también del toque del artista para modular el recorrido de la brocha.

A su vez hay que considerar las diferentes *clases de tintas* destacando:

- la tinta de bugalla, una mezcla que surge de una reacción entre un vitriolo y el líquido de la agalla del roble a lo que se añade agua con goma arábiga como elemento que ayude a fijar la mezcla en el papel. La goma arábiga es una secreción del árbol de la acacia. Esta tinta se caracteriza por un tono marrón, que se va aclarando con el paso del tiempo

- la tinta sepia, sacada del líquido que este animal marino utiliza para defenderse.

- la tinta bistré, mezcla de hollín de madera carbonizada disuelta en agua, que da un tono marrón más dorado que la de bugalla.

- la tinta china, conocida ya por los egipcios, es una mezcla muy condensada de pigmento de carbón o negro de humo, que el mundo oriental ha producido tanto en forma líquida como en forma sólida, y que en los lenguajes latinos se conoce por tinta china y en los anglosajones, como *indian ink*. Produce un tono muy oscuro y sobre todo muy estable.

- las tintas de colores, diluyendo diversos pigmentos en aguadas, pigmentos sacados del índigo, del lapislázuli, del azafrán, de los óxidos de cobre, etc. Sabemos que los monjes copistas medievales tenían para sus miniaturas una paleta de 32 colores.

Dependiendo de si las tintas se usan muy densas o muy líquidas, se pro-

ducen más o menos tonos, más o menos oscuridad, por eso juegan mucho los artistas no sólo con la punta de los medios de transporte, sino también con la carga de las tintas, produciendo aguadas o *lavis*. Otras versiones de líquidos transportando pigmentos son las acuarelas, gouaches, acrílicos, temperas, etc.

2. Dibujos con puntas duras. Son los producidos por puntas de metal, como la plata o el cobre o el acero sobre determinadas superficies. Los dibujos prehistóricos no sólo son hechos con tintas, sino también con *incisiones* en la piedra. La más importante de las puntas duras es la *punta de plata,* conocida ya por los romanos, pero usada fundamentalmente en el siglo XV, antes de la aparición de los portaminas. El dibujo de la punta de plata se produce por un proceso de reacción entre este metal y un soporte de papel que contiene cal: al herir la plata en ese papel preparado, se produce una oxidación que produce toda una gama de grises —dependiendo de la preparación y de la herida— superior a la descarga que sobre un papel hace el roce de cualquier lápiz. Es un proceso químico de encuentro, y no de suma o producto añadido como el de las tizas y carbones; por lo tanto, mucho más sutil y mucho más rico; enormemente complejo, por la preparación de los papeles, y porque no hay posible corrección en su realización.

3. Dibujos con puntas blandas. Entre las que podemos hacer diversas consideraciones:

3.1. Los carboncillos. Son barras producidas por la quema de madera natural, que se ablandan y ennegrecen por sucesivos calentamientos, a las que se da un fijador, sacado de la laca de las conchas, desde 1480.

3.2. Las tizas. Pueden ser naturales y artificiales (o tizas de París, fabricadas aquí desde el siglo XVII). Las tizas naturales son unas piedras de calcita ablandadas, y pueden ser negras (ya no usadas desde principios del XIX por la aparición —y mejor negrura— de los grafitos) o blancas. Entre las tizas blancas se distinguen los yesos (clarión, creta, talco) más blancos, de las esteatitas (*soapstones*) o sisas que usan los sastres.

3.3 Las sanguinas. Se extraen de una calidad de piedra blanca que contiene óxido de hierro; dependiendo de esta composición su color varía del marrón, al ocre o al rojo. Se conoce desde el Renacimiento como *matita rossa*, o en Lomazzo como *apisso*. Vasari dice que las mejores sanguinas vienen de Alemania y Michelangelo las usa para los bocetos de sus *Sibilas* en la Capilla Sixtina.

3.4. Los pasteles. Son barras de pigmentos mezclados en una masa (del italiano *pasta*). En 1585 Lomazzo habla del método, excelente para el dibujo en color, *a pastello*.

3.5. Los lápices. Son barras en principio con gran base de plomo, las llamadas "minas de plomo" sujetas con un portaminas, pero que a partir del siglo XVIII se hacen con grafito que produce una coloración semejante al plomo, pero sin su componente venenoso. Cuando el francés Nicolas-Jacques Conté mezcla grafito con arcilla, introduciéndolos en tubitos de madera, surge una de las mejores invenciones para la historia del dibujo, como es el lápiz. Posteriormente estas mezclas se perfeccionan, por ejemplo, por Brookmann en Gran Bretaña, originándose la calificación por dureza y consistencia de los lápices (del 8H al 8B) en una suerte de combinación de la terminología de Conté y de Brookmann. Los alemanes de Nürenberg, de Faber, de Castell o Städler, perfeccionan la variedad de los colores. A la vez que este instrumento se industrializa, se perfeccionan también los elementos de sustracción, como son las gomas de borrar con derivados del látex y otros productos químicos.

Los diferentes tipos de encuentro entre estos diversos medios y la superficie o base sobre la que se apoyan, generan las especiales cualidades y características del dibujo de cada artista.

En el caso de Alberto Giacometti los medios gráficos se reducen en general al lápiz y al bolígrafo, es decir, a puntas duras y rápidas en su discurrir. En el caso de Renato Guttuso, y en el de Philip Guston, son el pincel y las puntas blandas. Cuando usan plumas, usan las de caña, obviando el trazo preciso de las puntas de acero o de la *plume hollandée* (las de cisne o de ganso), que organizan espacios, o que los inscriben, como el bolígrafo de Giacometti, o el palillero de las conocidas caricaturas neoyorquinas de Saul Steinberg. El trazo de la pluma de caña permite engordar la densidad de la línea, como lo hace el pincel. Con su fluidez y su presión o el roce del toque, se permite, por ejemplo, Goya jugar con los tonos, con la corriente de la tinta, con la luz que sale de esa corriente de la línea que el brazo va dejando sobre la pantalla del papel.

En Rembrandt el espacio se da en las simples cargas de densidad del toque, entre la línea de la brocha y la del pincel, o la de la pluma, entre los grosores del recorrido. En Rembrandt, como en Guston, no hay punto y línea, hay gota y barrido de la pincelada: hay fluido. El pincel de las tintas abstractas de Guston en los años 50, sobre unos papeles absorbentes, hace que la línea (la masa tonal) se exprese no como grafía, sino como líquido que, en su corriente (y en su poso), conlleva el color. Su dibujo es pictórico, no es rasgo, sino mancha. Esto diferencia sus obras de las de Max Beckmann, donde la línea y el negro son estructuras compositivas, y no cargas de expresión y de luz.

La presión sobre los medios también tiene su intensidad y, por tanto, su estilo. En las pinturas prehistóricas identificamos períodos, dependiendo de si los contornos de los animales representados se hacen a través de línea o a través de sucesión de puntos realizados con un tampón. No es lo mismo la presión de los dedos sobre la plumilla, el caso de Saul Steinberg, que la presión del brazo, el discurso de largo recorrido en la obra de Jackson Pollock.

No es lo mismo la porosidad que deja el carboncillo según se le presione, que la fluidez que deja la tinta si se la mueve rápidamente. Incluso la profundidad perspectiva se puede conseguir con líneas o con densidad de las cargas de tintas o de gouaches, con las manchas que surgen de las correcciones, o con la densidad de los trazos, como en el caso de Jean Fautrier. La sugestión del color, es decir, una atmósfera pictórica, se consigue con los corrimientos de las cargas, las aguadas crean estructuras pictóricas. Lo hacía Canaletto en sus *vedute*, tan precisas desde la mirada arquitectónica. Todo paisaje puede ser tratado con riqueza de miras, de perspectivas, de documentación, pero su apariencia compleja (el desarrollo de los árboles, el movimiento de los setos, los reflejos de las aguas o de las nubes), puede ser trazada con una total economía, con dos toques de pluma o de pincel.

Las formas básicas del dibujo —no son el punto y la línea, en el discurso de Kandinsky— son las "marcas" y los "trazos" que el espectador lee a través de un proceso de registro. Registro, visión de ese diálogo que se forma entre los diferentes tipos de marcas y trazos, generándose relaciones de proporción, de planos, de volúmenes, de tonos, de secuencias y de texturas. A veces son relaciones de todo tipo, todas ellas mezcladas como en Pieter Paul Rubens o en Mark Tobey; a veces sólo de un tipo, por ejemplo, de tipo lineal en Paul Klee y en Ben Nicholson, o de tipo de intervalos de tonos en Georges Seurat.

Al hablar de los medios, o el material utilizado, hay que tener en cuenta también los soportes, que no siempre son papeles. Se ha pasado de la roca al papiro, de aquí al pergamino y al papel. Los chinos inventan el papel, pero no se fabrica, digamos, industrialmente hasta la aparición de la imprenta en el siglo XV. Antes se ha usado el papiro (soporte vegetal) en el mundo egipcio. Tras una guerra cultural entre Tolomeo Epífanes de Alejandría y Eumenes I en Asia Menor, por ver quién lleva a cabo la biblioteca más importante, se prohíbe la exportación de papiro de Egipto. Este hecho hace que se invente en Pérgamo un soporte a base de las pieles de animales, haciendo que Eumenes premie el trabajo en pulimentar pieles "para que se pueda escribir en ellas", dejando el pergamino arrinconado para siempre al papiro. Dentro de los papeles hay que distinguir entre papeles absorbentes y papeles duros, de cal, donde la tinta resbala, o donde la pluma inscribe y graba. Los papeles se distinguirán por su grano, por su textura, por su coloración, por su dureza y su rigidez, fundamentalmente por el tipo de superficie que ofrecen. Así habrá diferentes tipos de papel, dependiendo de su algodón, etc.; a veces denominados por su origen, como la *carta azzurra* o papel veneciano, con su tono azul.

Esta base del papel o de un lienzo es lo que se conoce con el nombre de *imprimatura*. Algunos llevan una gran masa, como los papeles preparados con diversas capas para la punta de plata, donde el corte de ésta sobre la cal del papel produce una oxidación. Hemos hablado de los pigmentos y de los disolventes o de los transportes de color, pero podríamos analizar también las bases para apoyar la pintura o para mejorar los soportes. Esta base de todo dibujo es lo que Vasari llama *imprimatura*, Karel van Mandor denomina *primersel* y Pacheco *imprimaciones*. Vasari en 1566 la define así: "la mezcla (mestica) de colores secos es un color que se pone de base; consta de tierra, albayalde y giallolino (mal llamado por Berger amarillo nápoles)". Armenini en 1587 señala que "la cama o lecho de apoyo de los colores, de color carne, se compone con la mezcla de verde cardenillo o verde cobre, albayalde y tierra, con algo de barniz".

A este respecto señala Giulio Carlo Argan en su artículo "Pittura" en *La Enciclopedia Universale dell'Arte* (Venecia, 1963, tomo 10, pp. 641): "l'imprimatura è destinata a ricevere il disegno e l'abbozzo del dipinto. Deve quindi ritenersi parte integrante della rappresentazione sia che il disegno ombreggiato debba sostenere per trasparenza le figurazioni colorate, sia che le masse coloristiche dell'abbozzo, tavolta addirittura mescolate all'imprimatura, debbano agire come sottofondo, anche per dare al quadro un 'tono generale'".

Sobre esta base o imprimatura vendrán las diferentes capas base de pintura y sobre toda ella la propia *definición* de la pintura, su manifestación en superficie.[1]

b) Podemos definir el dibujo también *por el sentido de su contenido*, entendiendo éste tanto en su nivel teórico como en su nivel práctico.

1. Por su contenido teórico los dibujos pueden ser concepción (pensamiento y símbolo) o expresión momentánea (autobiografía y síntoma). Para Bonnard "el dibujo es una sensación, el color un acto de razón", o en la formulación más metafísica de Saul Steinberg: "la línea no puede ser razonada en la mente, sólo puede ser razonada en el papel". En la obra de un gran artista no hay distinción entre mente creativa y sentimiento creativo, dado que ambos elementos (usemos el término que usemos para definirlos) funcionan a la vez en la creación de una imagen, en su *thinking touch*, que decía Delacroix, o en su *visual thought*, en palabras de Klee.

2. Por su contenido práctico podemos distinguir los dibujos en:

- Prefiguraciones de una obra

- Detalles en el curso de realización de una obra

- Momentos emotivos

- Imágenes del recuerdo

c) *Por su iconografía* o contenido de representación los dibujos se distinguen en diversos géneros: retratos, paisajes, arquitecturas, vedute, etc.

d) Finalmente, hay que distinguir los dibujos *por la finalidad* con la que están realizados:

1. Los dibujos *en sí*, con carácter de imagen acabada. Dibujos autónomos, no limitados a otro fin que sí mismos, no sujetos en la composición ni determinados por ninguna otra razón.

2. Los dibujos *para*, con un destino de servir a. Con ello se quiere decir (desde el plano conceptual) que el dibujo no es sólo el dibujo en sí, completo, lo que Wilhelm Bude calificaba de dibujos de presentación del artista, los llamados "präsentierzeichnungen", sino que bajo el concepto de dibujo están también todos aquellos apuntes que el artista hace (dibujos para poemas, caricaturas, en cartas o postales), por ejemplo, los dibujos de putrefactos en la correspondencia de Salvador Dalí cuando estaba en la Residencia de Estudiantes en Madrid, bien estudiados por Rafael Santos Torroella. Algunos de estos dibujos podemos considerar dibujos de resto, dibujos que quedan, aunque desdeñados por el artista, sketchs que no han interesado o se han echado a perder o que quedan como *marginalia*, como apuntes en otros libros o periódicos (o hablando por teléfono, como los de Luis Gordillo). Ejemplos de *marginalia* son los de Gabriel de Saint Aubin en los ocho volúmenes de la *Description de París*, o los de Alberto Giacometti en innumerables libros de su colección.

Por el fin a servir podríamos clasificar los dibujos en:

2.1. Copia: ejercicios de repetición de otras imágenes, para formarse en la técnica, para hacer grabados, o para desarrollar la propia fantasía a partir de un tema dado. Una exposición en el Louvre, conmemorando su 200 aniversario, bajo el título *Copier Créer*, mostró en abril de 1993 más de 300 obras inspiradas por los maestros representados en este museo, de Turner a Picasso. Las obras maestras, como un gran libro de estudio, han desafiado y estimulado a todos los nuevos artistas. En palabras de Paul Cézanne, "le Louvre est le livre où nous apprenons à lire". La copia, la imitación de lo mejor de lo realizado anteriormente, de lo antiguo, es el procedimiento educativo más noble, es un tesoro que hay que revisitar cada uno con su propia mirada. No se trata de plagiar, sino, como decía Ingres, "être original en imitant"; o en palabras de Giacometti, copiar para ver mejor: "copier pour mieux voir".

2.2. Estudio: detalle, reflexión sobre una parte de la imagen natural o del modelo, unas arrugas, unos pliegues, un contorno que se necesita dominar.

2.3. Boceto: o visión global, un repaso rápido de la idea a desarrollar. Estos dibujos demuestran la espontaneidad del artista.

2.4. Apunte (o *schizzo*): visión espontánea, fijación de una rápida percepción óptica, idea-sistema, inmediata manifestación de la capacidad de expresión del artista. Fórmula del *pathos*, síntoma de la autobiografía que todo artista va dejando con su obra. La diferencia de métodos de partida de realización de sketchs entre artistas nos permite —por ejemplo, en el mundo italiano— distinguir entre la praxis de los artistas del centro y norte de Italia de la de los venecianos. Mientras que los primeros siguen la línea del *disegno*, los segundos siguen la del *colore*. Conocida es la polémica del siglo XVI acerca de estos conceptos y la crítica de Vasari, así como la condena de Jacob Burckhardt, ya en el siglo XX, hacia Tintoretto como un "frívolo improvisador", ambas sin consistencia alguna. Tintoretto, interesado en la rapidez de ejecución y desinteresado en ese aparente cuidado de lo acabado de la pintura toscana, fue —como lo serán Claude Monet o Mark Rothko— muy metódico en la perfecta preparación de sus dibujos y pinturas, en el estudio preliminar de la escenografía del cuadro con modelos de cera y juegos de luz, y en los numerosos estudios de desnudos. Fue sin duda esta forma de trabajo del Tintoretto la que hizo a Ridolfi, en el siglo XVI, caracterizar a este veneciano como alguien que reunía en sí el *disegno* de Michelangelo y el *colorito* de Tiziano.

2.5. Modelo (o *abozzo*): dibujo preparatorio, a veces con cuadratura reticular. El *abozzo* representa la conclusión de la preparación de un tema por un artista, mientras que el *schizzo* es el comienzo, la formulación de la idea de partida. Baldinucci identifica *bozza* con el modelo a partir del cual *definitivamente* un artista lleva a cabo una obra. La yuxtaposición de *schizzo* y *abozzo* como punto de partida y de llegada, así como el contenido de estos términos y su uso en la literatura artística ha sido detallado en un artículo de Luigi Grassi en *Studi in onore di Pietro Silva* (Florencia, 1957).

Así los modelos pueden ser:

- modelo base (preparatorio), que según Barocci puede ser destinado al estudio del tema del color (*per i colori*) o al estudio de la iluminación del cuadro (*per i lumi*).

- modelo final que a veces acompaña a otros documentos o sirve él mismo de documento en el contrato entre artista y comitente.

- modelo de orientación, usado en los grandes talleres como en el de Rafael o en el de Rubens, que determina la realización de las obras en grupo.

2.6. Cartón: dibujo a ejecutar a su tamaño en frescos, tapices, etc.; es decir, preparado para ser "transportado" a otro medio.

2.7. Recuerdo: dibujo ejecutado tras una obra previa como análisis o archivo de la misma o reformulación, como sucede en los dibujos del inventario personal de Carlo Carlone, en las revisiones de Julio González sobre el tema de la mujer ante el espejo. Pacheco menciona los numerosos *ricordi* de sus composiciones que guardaba el Greco, práctica que según Elisabeth du Cue Trapier y Herbert von Sonnenburg tenía que ver también con el amplio número de réplicas llevado a cabo por sus ayudantes.

2.8. Dibujos de arquitectura, en los que podemos distinguir a su vez:

- proyectos, esto es, dibujos de corte mecánico, *formuladores* de planos, alzados, axonometrías, etc.

- *vedute*, o reportajes de edificios o lugares, como sucede con el dibujo de Nicholson sobre Urbino.

- escenográficas, visión de una escena de teatro, ballet, jardín, etc.

- arquitecturas fantásticas, como las de Piranesi, donde no hay fidelidad documental sino escenografía inventada, dirigida por la fantasía.

El sentido de lo original

Al margen de estas consideraciones, debemos hacer también unas reflexiones sobre el sentido de *obra original, copia, cita y reproducción* respecto a las manifestaciones artísticas, en relación a los conceptos de mímesis, imitación y plagio. Esos conceptos han variado enormemente desde el sentido de anonimia del Medioevo o el concepto de genio individual del Renacimiento, hasta la actualidad con el derecho y copyright del artista y de reproducción de la imagen.

1. Original: es la realización individual de una imagen, resultado de un descubrimiento personal.

1.1. Réplica: repetición por el propio artista o por su taller, bajo su control, de una imagen por él descubierta. La frontera entre réplica, copia de taller y copia moderna, es, a veces, mercurial, difícil de controlar y de analizar.

1.2. Variación: cuando hay cambios sobre la imagen original, ostentando ciertas diferencias, pero permaneciendo la forma básica.

1.3. Versión: la diferenciación anterior adquiere aspectos nuevos o matices particulares.

Frente a esta noción extensa de obra original se nos presenta la noción de copia.

2. Copia: reproducción de una imagen ya descubierta por otra mano, aunque no de una manera mecánica o industrial.

Una imagen formulada una vez —es decir, *tematizada*— vive después, se reproduce *como motivo* (con cambiante profundidad, con otras razones y con diversos métodos) al menos por tres razones:

- que el contenido de representación temática, sea tomado del Mito, de la Historia o de la Literatura, determine la imagen formal que se repite como tópico,

- que las liturgias religiosas o devocionales exijan la repetición de una imagen en el culto a ella dedicado,

- que la simbología política requiera la imagen de orden (algo que se reverencia y se repite) y la de dominio (lo triunfal), repetidas propagandísticamente.

Al margen de estas razones para la existencia de una actividad necesaria de copia de imágenes, el hecho de la copia ha tenido otras vertientes pragmáticas:

- la copia como forma de aproximación a los "modelos", como forma de estudio en todo tipo de academias. Es decir, como proceso de formación, ejercicio de transcripción, de gimnasia educativa: modelo o *pattern* para ser imitado y reproducido.

- la copia como ejercicio de dominio, en vez del "natural", como ejercicio de reconstrucción. Es decir, como proceso de ejercicio formal y de conocimiento: modelo para ser tenido en cuenta.

- la copia como ajuste técnico y de confrontación personal con el modelo. Es el caso de Rubens frente a Tiziano, o de Goya frente a Velázquez, donde no se produce una "sustitución del original". O el caso de las acuarelas de Turner, en 1802, en relación al *Descendimiento* de Tiziano en el Louvre, las cuales hablan más de él, de su interés por los paños de luz, que del pintor veneciano. En palabras de Cézanne, admirador de Poussin: "je veux que la fréquentation d'un maître me rende à moi-même; toutes les fois que je suis de chez Poussin, je sais mieux qui je suis".

- la copia como ejercicio documental, *ricordi*, generalmente con cambio de escala o de formato, cuando no de medio artístico, como los grabados de Marcantonio Raimondi sobre la obra de Rafael.

2.2. Plagio: la copia con intención de apropiación indebida. No hay creación, es decir, *formulación* de una experiencia propia, sino reproducción de una experiencia anterior. Entra la intención, y con ello la valoración ética.

2.3. Falsificación: apropiación indebida y con engaño. El éxito de una falsificación no depende sólo de la habilidad del farsante, sino también de la disponibilidad de la víctima. Hasta qué punto ésta está educada para dejarse seducir es uno de los factores de la eterna existencia de falsificaciones. Las falsificaciones son de todas maneras hijas de su tiempo y esta cualidad es la que mejor ayuda a reconocerlas. Entre las falsificaciones hay también niveles de calidad. Vasari nos cuenta que Michelangelo falsificó una estatua de Amor como si fuera romana.

Conocemos la actualidad de las vanguardias en los pinceles de Elmyr de Hory, a quien Orson Welles dedica su película *Fake* en 1976.

Frente a originales y copias podemos hablar también de las referencias o citas que a veces se establecen con otras imágenes:

3. Cita: repetición de una parte o de un detalle de una imagen en otro contexto y de otra forma.

3.1. Pasticcio: conjunto de citas conformando otra imagen.

3.2. Paráfrasis: repetición de una cita con una intención dialéctica, de subrayado, de confrontación, de interpretación.

3.3. Parodia: cuando el subrayado anterior es irónico.

3.4. Persiflage: cuando el subrayado es cómico o ácido; no hay interpretación, sino provocación.

Por último, podemos hablar en esta época, calificada por Walter Benjamin, de la reproducibilidad de las obras artísticas, del fenómeno de la reproducción:

4. Reproducción: imitación del original de manera mecánica e industrial, pero con diferencias de material, escala o cualidad. Se habla de facsímil cuando es igual en todo al original.

El tópico de la luz

La Historia del Dibujo, como la Historia de la Literatura, se basa entre otras cosas en *topoi*, esto es, en lugares revisitados, en lugares comunes, repetidos, no sólo de corte temático o de corte narrativo, sino a la vez de corte estructural o compositivo. Uno de estos *topoi* en la Historia del Dibujo (y por supuesto de la Escultura y de la Pintura, y también del Cinematógrafo) es la luz, la atmósfera o velo que envuelve cualquier creación, sea ésta de representación figurativa o sea de simple percepción abstracta. Como ha escrito Manuel Vicent al respecto de un olivo milenario existente en su jardín, "las filosofías pasan, los crímenes más intensos son incorporados a la cultura, pero el aceite de oliva sigue alumbrando con la misma luz. Bastan nueve accitunas al día para sobrevivir a cualquier calamidad".

La luz es siempre la misma, sólo que puede conseguirse o transmitirse por distintos medios, variando así su aspecto, pero no su naturaleza. El fenómeno de la luz se manifiesta al menos de tres formas diferentes: hay una luz de la naturaleza, hay una luz artificial y hay una luz en las artes plásticas. Para quien ha viajado es evidente que no es lo mismo, aunque la fuente de energía sea la misma, el sol, la luz de la Guayana que la luz húmeda de New England; que hay una diferencia radical entre la luz griega, que baña el mar Egeo como la sonrisa infinita de las olas del mar —que decía Esquilo—, y la luz de niebla que recogen los acantilados del mar Báltico; que el poeta Hölderlin habitando en Heidelberg busca en la ciudad una habitación orientada al sur, y que en Madrid la luz ideal es la del septentrión; la luz del Caribe no es la misma en las pequeñas estructuras danesas de Fredericksted o Christiansted frente al mar que la de Caracas, siempre tamizada por ese soporte, estructura y color que es el Avila. La luz del sol es siempre la misma, pero varía con las estaciones, y varía con los soportes, es decir, con su inclinación sobre paralelos o meridianos.

Lo mismo podemos decir de algo tan cotidiano como es la luz artificial o luz eléctrica. Dependiendo de cómo la energía eléctrica se utilice para generar la luz, ésta se producirá con aspecto (y con color) diferente. Hagamos un breve repaso a los sistemas de luz artificial donde encontramos:

• las fuentes lumínicas incandescentes:

- como la bombilla tradicional, donde la energía eléctrica pone incandescente un filamento de tungsteno (produciendo una luz anaranjada y cálida), o

- la bombilla halógena, que incorpora un gas que regenera el tungsteno evaporado y lo deposita de nuevo en el filamento (más rendimiento y más intensidad de la luz generada, una luz blanca y fuerte)

• las fuentes lumínicas de descarga, que pueden ser:

- de tubo fluorescente, donde la energía eléctrica quema un gas contenido en la ampolla central, inducido por una descarga eléctrica entre los dos electrodos de los extremos, o

- de sodio, donde la ampolla es de sodio (más luz con menos costo y más duración, una luz potente y difusa, amarillenta, utilizada en autopistas y aeropuertos), o

- de vapor de mercurio, donde la ampolla es de gas de mercurio (más rendimiento y más flujo de luz, utilizada en estadios deportivos).

Estos diferentes tipos de luz artificial que todos conocemos y usamos cada día tienen también su color. No me estoy refiriendo al tipo de iluminación o escenificación que podemos crear, utilizando ya un tipo de focos ya un tipo de bañadores, o con el tipo de intensidad que usemos, sea como la canción "y todo a media luz", sea el foco del interrogatorio policial.

Estoy tratando de explicar que cada fuente lumínica (artificial, o de energía eléctrica) tiene un tono diferente, aunque el ojo humano a veces no lo perciba directamente, como tampoco percibimos los rayos infrarrojos o los ultravioleta. Pero solemos percibir los resultados, en fotografías o en reproducciones de libros, de que cada fuente de luz produce dominantes de color, que varían los tonos de los muebles, de las telas, del ambiente; por ejemplo, la luz halógena tiene un tono más blanco y frío, la fluorescente más uniforme y movible, etc., etc. La luz artificial, dependiendo de cómo se transmite, tiene su color.

Si la luz natural varía inexplicable, pero indefectiblemente, si la luz artificial también presenta su gama de tonos y su escala de color, indudablemente la luz artificial utilizada por los artistas en sus dibujos tiene que tener también su ley y sus trampas. El dibujo es un medio gráfico sobre un soporte ligero, es decir, que fundamentalmente juega con el blanco y con el negro. Por ello luz y color en el Dibujo serán algo muy relacionado y difícil de conseguir o manifestarse. La sugestión del color y de la luz, es decir, una atmósfera pictórica, se tendrá que basar en el contraste entre tonos, entre densidad del trazo de carboncillo o lápiz, entre carga de carbón o brillo del plomo de los grafitos, entre apariencia caliente y fría de la tinta, es decir entre corrimiento y carga.

En este sentido hay artistas que introducen la luz al menos de tres formas:

• en el juego de espacios, entre volumen y fondo. Muchos artistas parten para sus dibujos de un soporte, por ejemplo un papel con un tono determinado, o un papel preparado con una carga de tinta, que después determina la atmósfera general. También usan veladuras en función de las densidades de la carga de la tinta, o crean luces reservando vacíos que la propia brocha al no manchar distribuye sobre el papel (las reservas), o colocándolas, como los realces con tizas blancas (clarión, cretas, etc). Por ejemplo, Piazzetta en su *Cabeza de Muchacha* crea luces dando tiza en la frente, bajo el ojo y en el pecho de la retratada, y Forain en su *Retrato de Mme. Mendelsohn* lo hace con un gran rayado de pastel (yeso y pastel naranja matizando la luz), a la vez muy expresivo, sobre toda la cara. Por el contrario, la profundidad del firmamento, lo que lleva luz, lo que se manifiesta brillante en la superficie de *Composition* de 1961 de Tobey, son las reservas, el color del papel que no ha sido manchado, o, en el caso del *Nu* de 1898 de Bonnard, la luz que se refleja en el espejo del tocador y la luz que se desliza por el cuerpo de la muchacha, no son originadas por tiza alguna, son la reserva del papel, la luz es lo no tratado con el lápiz. Así volúmenes y fondos se interrelacionan componiendo una imagen, colocada en una determinada luz.

• en el juego de formas y apariencias, entre atmósferas y cargas de luz. Este cuestionamiento de formas y apariencias aparece muy claro también en Bonnard. ¿Es forma la línea del lápiz o la línea de reservas realizadas sobre el papel con trazos de gomas, de acuarela, que después, al desaparecer, aparecen, se manifiestan, como blancos o como fondos que son en primer plano? ¿No se revela la presencia de las formas lentamente, como apariencias? En la *Naturaleza muerta* de 1920 de Bonnard, los límites de las frutas y su brillo se originan en la fuerte presión del lápiz y en la repetición de la línea para que salga en la acumulación el brillo del plomo del lápiz. Será una práctica que utilizará después muy a menudo Giacometti, emborronando sus retratos a base de líneas y más líneas. Incluso, para sacar la caída de la luz sobre el cuerpo, llegará al hecho de levantar el papel con el dedo mojado en saliva. ¿No es una consecuencia del aspecto anterior (fondos y volumen) fundamentada en el trabajo con veladuras?

En otros casos para conseguir estas veladuras que sugieren fondos o profundidades, como en la práctica de Music o en la de Tobey, se dan superposiciones de papeles, se encolan otros papeles, que al fundirse con el soporte, crean luces, como velos que dan esa profundidad de firmamento de noche al plano. Lo hace también Redon en su *Le char de soleil,* pegando un papel tratado con óleo sobre una tela. El soporte varía y se impone o condiciona la entrega tonal, la de la luz.

• en el juego de tonos, en la confrontación y correspondencia entre ellos. Muchas veces los tonos no se ponen sobre el papel en una operación digamos mecánica, sino que se funden, se plasman en la fusión entre soporte y pincel, entre huella del carbón y su continuidad. El mejor ejemplo es Seurat, que juega con esa relación puntual, de creación de semitonos que producen la imagen, en la que jamás hay línea, sino densidad de puntuación. Si Seurat codifica la luz, y la imagen que la luz permite descubrir, desvelar, en su paisaje de *L'Estacade* de 1890, lo hace con la densidad del carboncillo, Fautrier en su *Composition* de 1959 lo hace con gouache sobre cartón, codifica la luz en el interior de los pigmentos, hace que los tonos se densifiquen manejando ya el pincel (la densidad de carga de gouache y la relación entre brochazo y brochazo), ya el soporte (la absorción de él), ya la fusión entre ambos.

Si en este medio simple del Dibujo el artista se manifiesta por su maestría en conseguir luces y sombras, es claro que en la Pintura la luz no es sólo un soporte ambiental de la escena del cuadro. La técnica de cómo dar la pintura, el análisis de su plasma, nos lleva a poder ver la Historia de la Pintura como una historia no sólo del color en relación al dibujo (por ejemplo, el enfrentamiento clásico entre la pintura de Giotto y la de Duccio), sino de la propia luz del color. No hablo de la iluminación de la representación que el cuadro presenta, sino de la claridad y misterio de las gamas cromáticas que los verdaderos artistas consiguen y que definen su estilo.

La luz *en y de la Pintura* es más que iluminación. La luz ha sido un soporte narrativo, pero a la vez un soporte de sugerencias así como un soporte expresivo de toda obra plástica. Hay una Historia de la Pintura que es una Historia de la luz: de la técnica de crear luz en los cuadros, del color de su luz. Tenemos que pensar en esos paisajes casi cósmicos, con la luz del fulgor de los metales de batalla de Albert Altdorfer, o en la luz húmeda de las vegas silentes en las pequeñas tablas de Adam Elsheimer, en la luz apocalíptica de la visión cristiana en las obras de Mathias Grünewald, en el tenebrismo de las malas compañías de los lienzos de Michelangelo Caravaggio, en el pequeño y único polo de luz, intenso como vela halógena, de las obras de Georges de la Tour, en la luz "celestial" de los altares como *escenas* iluminadas de los hermanos Assam en Rohr y en Weltenburg, en la atmósfera existencial de los acantilados de Caspar David Friedrich, en los aldeanos a contraluz de los llanos campos de Jean-François Millet, convertidos en luminosos girasoles provenzales en el expresivo pincel de Vincent van Gogh, en las borrascas de William Turner o en las sombras melancólicas de las plazas de Giorgio de Chirico, en la luz que hace desintegrar la figura a pinceladas de los impresionistas al contrario de la luz metafísica de los cuadros de Johannes Vermeer, en la luz griega, de alabastro y tramontana, en el horizonte de la cala de Port Lligat que

Salvador Dalí tematiza, en la luz de neón de las escenografías de Erich Wonder o la que recorre los 90 minutos del *Taxi Driver* de Martin Scorsese, o en la luz de color en sí, en su humedad, en la pintura de Mark Rothko, o en la luz del color en su esquema, en su análisis, en la de Barnett Newman.

La luz es siempre la misma, es simplemente un fenómeno de la vida del Dibujo (y de la Pintura y de la Escultura), pero varía —como en la luz eléctrica— su alimento. Y así varía su color, *su manifestarse*, como lo podemos ver en esta selección de dibujos realizada siguiendo el criterio de Beatriz Arismendi: del sentido del flash de Ingres (su luz de relieve de cristal) a la marca del fuego que dobla el acero en el collage de Chillida. Cada profeta habla (de la fuerza de la luz) con su voz (con su lápiz, con sus trampas), que es *su mirada iluminada* (por su trazo).

1 A través del estudio del *soporte* (estudio de las telas o de las maderas), de la imprimatura y lecho, se llega a anotaciones importantes sobre los procesos creativos (tanto compositivos como estilísticos) de un artista. Por ejemplo, en la obra de Rubens, a través del estudio de las tablas, de los paneles, podemos datar fechas de realización: las que corresponden a las iniciales MV —de Michael Vrient— han sido anteriores a su muerte en 1637. También lo podemos hacer a través del estudio de las imprimaciones, pues sólo después de su viaje a Italia pasa Rubens a desarrollar su preparación sobre madera con un gris rayado y agudo (que crea una ilusión espacial e imparte una vibrante luminosidad a las siguientes capas de pintura), abandonando así la monotonía de las bases blancas. Analizando este proceso retroactivador de una pintura o de un dibujo —lo mismo podríamos hacer de los principios y procesos de la Escultura— llegaríamos al análisis del soporte sobre el que se asienta toda experiencia y práctica dibujística.

Catálogo de obras

Kosme de Barañano

En las fichas técnicas de este catálogo hemos seguido la siguiente ordenación:

Bajo la línea de título se da la fecha de realización de la obra, en los casos de no tener una referencia exacta se ha puesto una *c.* (*circa*) ante el año considerado.

Se da una línea explicativa del medio utilizado y del soporte, y bajo ella una línea de medidas, alto por ancho, en milímetros.

Una nueva línea señala si el dibujo está fechado y firmado, o cualesquiera textos o sellos que estén inscritos en él.

Finalmente hay una línea de documentación en el caso de que el dibujo tenga una pintura u otra realización como referente, o pertenezca a una serie o cuaderno específico del artista.

Para el Catálogo Técnico final hemos añadido a estos datos dos tipos de consideraciones. Bajo el título *Procedencia* hemos señalado la historia del dibujo antes de llegar a la respectiva colección actual; bajo el título *Exposiciones-Bibliografía* hemos señalado las exposiciones en los que estos dibujos han estado presentes o los catálogos en los que están reproducidos.

1. Estilos en la Historia

Gabriel DE SAINT-AUBIN (París 1724 - 1780 París)
La Leçon de Dessin
Piedra negra frotada con tiza sobre papel amarillento encuadrado a lápiz.
213 x 152 mm.
Sin firma ni fecha.

Con este dibujo cuyo tema es precisamente *La lección de Dibujo* queremos comenzar el catálogo. Hemos dejado aparte otros dibujos de Charles-Joseph Natoire, de Hubert Robert, de Pierre-Antoine Baudoin, de Vittorio Maria Bigari e incluso un excelente estudio de caballos de Stefano della Bella, para abrir esta exposición con una lección de dibujo y con una figura emblemática —incluso para los grandes maestros del siglo XX como Matisse, Picasso o Bonnard— como lo es la de Jean-Auguste-Dominique Ingres.

Gabriel-Jacques de Saint-Aubin (1724-1780), hijo de un maestro bordador y alumno de Boucher, es uno de los grandes aguafuertistas de su momento. Es fundamental su serie titulada *Vue du Salon du Louvre*. Su permanente dedicación al dibujo se muestra no sólo con las colecciones que han quedado en el Museo del Louvre, en el Museo Carnevalet o en la Biblioteca Real de Estocolmo, sino también en su gran número de marginalia, dibujos dejados en el interior de libros de su propiedad, fiel reflejo de su inquieta personalidad de dibujante. Son especialmente interesantes los marginalia en los 8 volúmenes de la *Description de Paris* escrita por Piganiol de la Force, en la colección Jacques Doucet, una especie de antecedente del *Paris sans fin* que realizará en litografía al final de su vida Alberto Giacometti.

Este dibujo está cercano temáticamente al pequeño óleo *Académie Particulière*, del que realizará también un grabado al aguafuerte.

El hecho de que este dibujo esté encuadrado o mis-au-carreau significa que tiene una intención de ser transportado a otro medio. Dentro de un salón neoclasicista, con una modelo en vivo, desnuda, sentada sobre una *chaise* encima de una mesa velador, el maestro de dibujo de pie corrige a una alumna un detalle de su ejercicio, mientras otros alumnos se afanan en la tarea. Es un dibujo suelto, con un carboncillo graso y por lo tanto no preciso, que recoge más la atmósfera de la academia y el sentido del espacio que la personalidad individual de los que toman la lección; de ahí también su interés para los hermanos Goncourt al hablar de la escuela francesa en el siglo XVIII.

Gabriel DE SAINT-AUBIN
(París 1724 - 1780 París)
La Leçon de Dessin
Piedra negra frotada con tiza sobre
papel amarillento encuadrado a lápiz.
213 x 152 mm.
Sin firma ni fecha.

Jean-Auguste-Dominique INGRES (Montauban 1780 - 1867 París)
Portrait of Lady Lytton, Wife of the English Ambassador to Italy, c.1818
Lápiz sobre papel (restaurado en 1951).
280 x 130 mm.
Firmado abajo en el centro: "Ingres Del."
Tiene la marca de la colección Beurdeley, abajo a la izquierda.

Este artista francés decía que hacen falta 30 años para aprender a dibujar y tres días para aprender a pintar. Ciertamente es una exageración, pero nos interesa el fundamento argumental de esta opinión, pues tiene que ver con el delinear, con el establecimiento de la línea del dibujo en el arte. Ingres significará el triunfo del dibujo en la tradición pictórica abierta por el Renacimiento (sobre todo, la revalorización de la línea modulada de Rafael frente a la línea cortando volúmenes de Giotto o de Miguel Angel), pero a la vez Ingres es la apertura al arte del siglo XX. De él partirán las miradas de Derain, de Matisse y de Picasso.

En este retrato de lady Lytton sigue Ingres su fórmula clásica: una visión frontal del personaje en una actitud pensativa. Tras esta fría apariencia hay, sin embargo, toda una teoría del arte. Ingres no busca definir el espacio perspectivo, sino colocar a la retratada en un espacio donde lo que predomina es una cierta sensualidad y una sensación de flotación. El volumen de los cuerpos en el dibujo de Ingres es el del relieve de los camafeos y de los cristales tallados medievales, en las posturas de las personas reside la elegancia. Los cuerpos son siluetas que han perdido su corporeidad.

Esta lección la recogen claramente Matisse (que reniega de toda utilización dramática de la línea) y Picasso que a lo largo de toda su vida se reencuentra con Ingres. Pensemos, por ejemplo, en su retrato de Olga Koklova de 1917.

La perfección del retrato, el detalle del pelo o de las manos no es lo importante del estilo de Ingres. Su valor reside en lo no dicho, en el vacío del papel (como en las miniaturas persas), en el que se afirman el cuerpo y la cabeza de lady Lytton, en el suave juego de líneas que bajo su pecho izquierdo crean la sensación de recostamiento (de apoyo y de gravedad) entre el cuerpo y el sofá. No busca Ingres fuertes sombras para dar volumen, sino un sentido del relieve que se da en los mármoles y en la glíptica.

Jean-Auguste-Dominique INGRES

(Montauban 1780 - 1867 París)
Portrait of Lady Lytton, Wife of the English Ambassador to Italy, c.1818
Lápiz sobre papel (restaurado en 1951).
280 x 130 mm.
Firmado abajo en el centro: "Ingres Del."
Tiene la marca de la colección Beurdeley,
abajo a la izquierda.

Giambattista PIAZZETTA (Venezia 1683 - 1754 Venezia)

Cabeza de muchacha
Carbón realzado con albayalde sobre papel oscuro.
390 x 310 mm.
Sin fecha ni firma.
El papel está roto hacia la mitad del borde izquierdo.

Este retrato de una joven muchacha tomado desde una cierta altura con grandes trazos de carbón está fundamentalmente realizado por una serie de toques de albayalde, en el pelo, bajo el ojo, algo en la nariz y sobre el pecho.

Es el contraste entre los golpes de luz y el tono crema oscuro del papel el que da vida a este retrato, bien compuesto también en la colocación, con un gesto de sorpresa hacia algo que ocurre por detrás.

El juego de la luz, conseguido con el albayalde, en los espacios dejados en blanco por el carboncillo, o con el albayalde dado en las uñas, es una de las características de este colorista veneciano.

Jean-Louis FORAIN (Reims 1852 - 1931 París)

Retrato de Mlle. Mendelsohn
Carboncillo realzado con clarión blanco y pastel naranja sobre papel marrón oscuro.
320 x 255 mm.
Firmado en la parte inferior derecha en rojo con la inicial: "F.".

Al contrario que el de Piazzetta, el retrato de Mme. Mendelsohn realizado por Forain no está basado en sutilidades de colocación de una tiza blanca y potente, sino en una gran mancha de clarión, de un fino pastel blanco, a lo largo de todo un lado de la cara. Sólo los tres trazos del cuello van en otra dirección, dando así sentido de volumen a la figura. Si en Piazzetta algunos trazos de tiza se dispersaban por otras partes como la oreja o la papada de la cara, en Forain aparecen un par de toques de pastel naranja en la nariz y en los labios de la retratada, para darle una mayor sensualidad.

Gran fuerza del retrato descansa en el contraste entre los trazos de carboncillo en el pelo, bastante sueltos, y la gran mancha, compacta, del clarión, creándose la tristeza de la figura en la mancha del ojo izquierdo donde tiza y carboncillo se funden en una ojera a la vez que crean la melancolía de la mirada.

Como Piazzetta, parte Forain de un papel de tono oscuro, denso. En ambos casos la sugestión de la luz y del color, la atmósfera pictórica, se basa en el contraste determinado por la oscuridad del soporte y la aplicación de una tiza blanca, ya en detalles a lo largo del cuerpo, ya en una mancha.

Jean-Louis FORAIN

(Reims 1852 - 1931 París)

Retrato de Mlle. Mendelsohn

Carboncillo realzado con clarión blanco y pastel naranja sobre papel marrón oscuro.

320 x 255 mm.

Firmado en la parte inferior derecha en rojo con la inicial: "F.".

Georges SEURAT (París 1859 - 1891 París)
L'Estacade
c.1890 (según Kahn), c.1888 (según Hauke)
Lápiz conté sobre papel.
220 x 290 mm.
Sin fecha ni firma.

Al margen de la estética de Ingres, la gran lección de dibujo del siglo XIX es la de Seurat. El es el primer artista que le quita el poder al concepto de línea dentro de la tradición del *disegno* y se la devuelve al concepto de mancha. Seurat crea la representación no en base a trazos lineales, buscando la volumetría en la perspectiva, sino creando juegos tonales. Maneja un claroscuro en el que los polos de luz y sombra nunca aparecen en su total pureza, sino sólo a través de un continuum de valores intermedios, logrados con la cercanía-lejanía de puntos de lápiz conté. Para él las figuras nacen en la luz, y ésta se descompone o se forma a base de tonos. Así jugando con el punto y con la densidad de puntos (al fin y al cabo como trabaja la reproducción fotomecánica actual) establece Seurat su idea y su práctica del dibujo. En esta sencilla pero importante visión de *L'Estacade*, los llamados breakwaters en las Gravelines francesas cerca de la frontera belga, consigue Seurat con su relación de tonos, siempre realizados con lápiz conté sobre papeles tensos, una gran amplitud de espacio, de cielo y mar, separados por esa barrera lineal, formada por una infinitesimal carga de puntos, más o menos apretados sobre el papel.

Seurat con su dibujo abre un camino que se cierra en él mismo, pero que modifica toda la idea del concepto de dibujo posterior a él. Seurat y Cézanne abren el camino a todos los experimentos de los fauves y del cubismo.

Pierre BONNARD (Fontenay-aux-Roses 1867 - 1947 Le Cannet)
Nu debout à la toilette
c.1898
Lápiz sobre papel.
165 x 163 mm.
Sin fecha ni firma.

En este dibujo, anterior al cambio de siglo, Bonnard se evidencia como un maestro del dibujo y del dominio de la mancha gráfica. Todo en él parte del negro, y para que no olvidemos esta faceta artificial de todo dibujo Bonnard ha dejado un margen en el papel, más irregular en la parte inferior, para atraer nuestra atención; así como la imagen de la cortina corrida en la parte superior derecha viene dada por el blanco del papel. Esta misma trampa o licencia la utiliza Giacometti en el retrato de Soshana al recortar el espacio de la representación en la parte superior.

En Bonnard la luz que se refleja en el espejo del tocador y la luz que se desliza por el cuerpo de la muchacha no son originadas por tiza alguna, son la reserva del papel. La luz en Bonnard es lo no tratado, lo no tocado por el lápiz. La espacialidad viene dada por la trama reticular del suelo o por la puerta en el fondo y por el citado cortinaje, que recibe la luz como el propio cuerpo de la joven desnuda o el espejo. Pero también por el arcón en el suelo y su colocación perspectiva, fundamentada precisamente en lo no dibujado, en lo blanco que corresponde a su silueta, a los refuerzos metálicos y a su cerradura. Así volúmenes y fondos se interrelacionan componiendo una determinada imagen que surge de la mancha en el papel.

Alberto GIACOMETTI (Stampa, Suiza 1901 - 1965 París)
Retrato de Soshana
1958
Lápiz sobre papel.
515 x 340 mm.
Firmado y fechado en el ángulo inferior derecho: "Alberto Giacometti - 1958".

En este retrato de la pintora Soshana Afroyin, Giacometti con su lápiz de plomo ligero, como quien corta la arcilla con una pequeña navaja, hieratiza la figura para convertirla en un icono, en representación genérica del ser humano. No está lejana esta representación de las imágenes de la plástica bizantina, tanto en la rigidez frontal de la figura como en los grandes ojos de la cara, como incluso en la estructura espacial que la cierra por la parte superior de manera triangular.

No escapa Giacometti tampoco a otros trucos para dar la idea de espacio en el que se asienta la figura, como el ya visto en Bonnard sesenta años antes, de crear la impresión de una cortina.

Pero nada más lejano del concepto de dibujo de Bonnard, fundamentalmente pictórico, que el concepto de dibujo de Giacometti. El de éste está íntimamente ligado al ductus de la línea, al corte que toda línea produce, y sobre todo a la repetición, a la anulación de la propia línea en una maraña nerviosa de trazos.

Georges SEURAT

(París 1859 - 1891 París)

L'Estacade

c.1890 (**según** Kahn), c.1888 (según Hauke)

Carboncillo conté sobre papel.

220 x 290 mm.

Sin fecha ni firma.

Giambattista PIAZZETTA

(Venecia 1683 - 1754 Venecia)

Cabeza de muchacha

Carbón realzado con albayalde sobre papel oscuro.

390 x 310 mm.

Sin fecha ni firma.

El papel está roto hacia la mitad del borde izquierdo.

John CONSTABLE

(East Bergholt 1776 - 1837 Londres)
Landscape, a Country Lane with
Cottage and Trees
c.1829
Acuarela sobre papel.
92 x 130 mm.
Sin fecha ni firma.

Alberto GIACOMETTI

(Stampa, Suiza 1901 - 1965 París)

Retrato de Soshana

1958

Lápiz sobre papel.

515 x 340 mm.

Firmado y fechado en el ángulo inferior

derecho: "Alberto Giacometti - 1958".

Pierre BONNARD

(Fontenay-aux-Roses 1867 - 1947 Le Cannet)

Nu debout à la toilette

c.1898

Lápiz sobre papel.

165 x 163 mm.

Sin fecha ni firma.

Jean FAUTRIER

(París 1898 - 1964 París)

Composition

1959

Gouache y tinta china sobre cartón.

650 x 500 mm.

Firmado y fechado en el ángulo inferior

izquierdo con monograma: " x59".

John CONSTABLE (East Bergholt 1776 - 1837 Londres)

Landscape, a Country Lane with Cottage and Trees

c.1829

Acuarela sobre papel.

92 x 130 mm.

Sin fecha ni firma.

Es una acuarela de trazos opacos reforzada con apoyaturas de pluma con tinta bistré y lápiz. Constable utiliza asimismo reservas (espacios en blanco del papel, algo raspados) para las rayas del cielo y las nubes, a la vez que oscurece con ocres la parte superior del cielo en primer plano.

Representa un cottage en Salisbury en un paisaje ventoso, cuyo dramatismo viene conseguido por la dirección de la mancha del pincel. El carácter huracanado del viento viene cifrado en la dirección elíptica de los ocres, así como en el carácter difuminado en la fronda de los árboles que bordean el camino, en primer plano, hacia una granja.

Este boceto es compañero de los que figuran en los cuadernos del artista (sketchbook, dibujos números 313 y 318), propiedad hoy del Victoria and Albert Museum de Londres. Probablemente está realizado en 1829 el año que prepara la serie de aguafuertes conocida como *English Landscape Scenery*. La primera carta que sobre el tema envía al artista que grabará las planchas, David Lucas, (luego se imprimirá y editará en Shirley) es del 28 de agosto de 1829.

Jean FAUTRIER (Paris 1898 - 1964 Paris)

Composition

1959

Gouache y tinta china sobre cartón.

650 x 500 mm.

Firmado y fechado en el ángulo inferior izquierdo con monograma: "x59".

Si en el caso de Constable la representación de la fuerza del viento se hace a través de la creación de líneas elípticas consiguiendo esa imagen de paisaje ventoso, un método similar sigue Fautrier para crear en una imagen abstracta una cierta idea de turbulencia. Utiliza cuatro rasgos elípticos de gouache sobre un fondo más o menos regular, de corte lineal, siguiendo la anchura de huella de la brocha. Si Constable utiliza reservas en el papel, Fautrier juega con las cargas de densidad: las formas elípticas son más claras que el fondo (lo que en un primer golpe de vista puede parecer que son reservas), a la vez que llevan dos tipos de subrayado, uno de carga más lila aún y otro de tinta china (al igual que la data, abajo a la derecha).

El gouache no tiene la transparencia de la acuarela. Es un bodycolor, que no depende tanto de la luz, un color más seco y opaco (al llevar goma arábiga en su composición). Por estas razones, al ser más seco y cubridor, Fautrier no busca la reserva sino rayar el cartón de fondo plomizo con esas dobles figuras con un blanco inerte, blanc fixe, matizado en sus curvas.

Consigue así una imagen de gran fuerza con colores plomizos, presentando una melancolía parecida a la de la acuarela de Constable.

Odilon REDON (Burdeos 1840 - 1916 París)

Le Char de Soleil

1885

Pincel con óleo sobre papel pegado sobre tela.

495 x 370 mm.

Firmado a la derecha junto a la pata del caballo: "Odilon Redon".

Este dibujo es un boceto preparatorio para un trabajo en óleo, donde el artista se cuestiona sobre la relación y posicionamiento entre la figura humana y el caballo. Lo realiza no con lápiz sino con pincel y un óleo ocre rojizo sobre un papel que después pega a una tela.

A pesar de que hay contorno, búsqueda de silueta, con un trazo de pincel más fino y sobre todo más cargado de pigmento, el conjunto goza de una gran libertad de diseño, pues, una vez organizadas las dos figuras espacialmente, el artista con otro pincel de más huella y más ancho recorrido, ha dinamizado las crines del caballo, su cuerpo e incluso el espacio bajo sus lomos.

El resultado ha parecido tan satisfactorio al artista que no ha dudado en inscribir con el propio óleo su nombre completo ante la pata delantera del animal.

Es uno de los bocetos preparatorios para *Le Char de Soleil*, tema sobre el que, al igual que sobre el tema de Pegaso, trabajó especialmente el artista durante 1885, tanto en lienzos como en su obra gráfica.

Odilon REDON

(Burdeos 1840 - 1916 París)
Le Char de Soleil
1885
Pincel con óleo sobre papel pegado sobre tela.
495 x 370 mm.
Firmado a la derecha junto a la pata
del caballo: "Odilon Redon".

Henri MATISSE (Le Cateau 1869 - 1954 Cimiez, Niza)

La France

1939

Carboncillo sobre papel.

720 x 380 mm.

Firmado y fechado en el ángulo inferior izquierdo: "Henri Matisse - 9 nov. 1939".

El dibujo de Matisse es un dibujo anticlásico, que, más que representa o reproduce, resume. Matisse elimina todo detalle que no sea eficaz, todo lo que no contribuya a la inmediatez que él busca. Como ha señalado Pierre Daix, "Matisse transporte ainsi le langage pictural d' Ingres dans la rapidité du XX siècle".

En este dibujo a carboncillo utiliza el instrumento con tres tipos de presión diferente: el contorno está realizado con una presión lineal intensa, los pliegos de la ropa apenas con presión, mientras que para los brazos y para la cabeza usa el carboncillo difuminándolo. Para rematar, Matisse firma el boceto con lápiz de plomo bien afilado, fechando exactamente su trabajo. Es un boceto para el óleo de 1939 *La France*, en la colección Graindorge de Bruselas (reproducido en *Matisse*, Ed. Meili Praeger, New York, 1967).

La seguridad en la línea y en el tono de Matisse hace describirle como un pintor plano, pero no es del todo cierto. Los contornos, empecinados siempre con el negro, sugieren que, con los brochazos, la luz cae sobre el cuerpo del modelo. Con ello Matisse está implicando la aparición de volumen. La línea de Matisse es escultura: el cuerpo muestra que hay una ruptura de volumen, que la forma cambia, y que hay una invasión de la forma por la luz. Matisse siempre sacrifica la ferocidad del rasgo de los alemanes, por ejemplo, el de Beckmann, por la charme mediterránea.

François-Auguste RODIN (París 1840 - 1917 Meudon)

Figura arrodillada

c.1900-1902

Lápiz y acuarela sobre papel.

325 x 255 mm.

Firmado y dedicado al escultor Despiau: "A mon ami Despiau, Aug. Rodin".

En este boceto que viene a cifrar un detalle para el proyecto de la tumba del escultor Charles Despiau (aparece escrito tombeau de su puño y letra) Rodin da volumen (y sensualidad al cuerpo) jugando con una mancha de acuarela sobre cuatro rápidos trazos de lápiz.

El grafismo de los escultores se reconoce fácilmente por su clara intención de marcar volúmenes, de subrayar cómo el sujeto de la obra ocupa un espacio. Lo hacen siempre con la fuerza de la línea cruzada, de la fuerte sombra o simplemente con una mancha (toque de aguada o de acuarela) que dé volumen, luz o al menos movimiento.

Con un lápiz blando ha creado cuatro líneas formando una pequeña arquitectura, como un reclinatorio, así como el gesto de la cabeza de la mujer desnuda y arrodillada. Con un lápiz más duro ha marcado los trazos del brazo y la silueta de los muslos de la mujer. Rodin, en este dibujo de comienzo de siglo, realiza un apunte al estilo del que veremos más tarde, un *Nu allongé*. Pero ahora se desliza hacia un boceto de fuerte impacto sensual, cromático, donde tiene más valor la calidad y sensualidad de la acuarela que el detalle espacial del arrodillamiento.

Henri MATISSE
(Le Cateau 1869 - 1954 Cimiez, Niza)

La France

1939

Carbón sobre papel.

720 x 380 mm.

Firmado y fechado en el ángulo inferior
izquierdo: "Henri Matisse - 9 nov. 1939".

Egon SCHIELE
(Tulln 1890 - 1918 Viena)
Cabeza de mujer
1913
Lápiz sobre papel.
470 x 310 mm.
Firmado y fechado en la parte inferior del dibujo
al centro: "EGON / SCHIELE / 1913", y abajo
a lápiz y letra minúscula: "egon schiele".

Egon SCHIELE (Tulln 1890 - 1918 Viena)
Cabeza de mujer
1913
Lápiz sobre papel.
470 x 310 mm.
Firmado y fechado en la parte inferior del dibujo al centro: "EGON / SCHIELE / 1913", y abajo a lápiz y letra minúscula: "egon schiele".

A diferencia de Vuillard en su apunte de la condesa de Noailles, Schiele basa su trabajo en el arabesco de la línea: sea para detallar el sombrero de la muchacha sea para marcar su perfil y su gesto. Asimismo es interesante en el austríaco la línea que cierra el dibujo en la mitad del papel, siendo el vacío abajo el que potencia el resto. Es decir, un tratamiento parecido al que Vuillard utiliza al no usar el papel a la derecha. Pero Schiele hace ese cierre para remarcar el cuello y la ropa con apenas cuatro largos trazos. Schiele lo firma dos veces. Una a la altura de la ropa; la segunda para hacernos conscientes del valor de toda la hoja de papel, en la parte inferior.

Edouard VUILLARD (Cuiseaux 1868 - 1940 La Baule)
Femme étendue
Mina de plomo sobre papel.
90 x 130 mm.
Firmado en el ángulo inferior derecho con el monograma: "E V".

Vuillard juega con el vacío del papel dejando a la mujer recostada en el margen izquierdo, pero colocando un espacio, el del sofá, con dos largos trazos. Es un apunte para el retrato de la condesa de Noailles.
No necesita de toques de color y todo lo hace con la densidad de la mina de plomo, y con las diferentes presiones en su manejo.
El relato de Vuillard, como el de Marcel Proust, se detiene en las poses y objetos diarios. Como el escritor, sabe que la "obra de arte realiza una unión indisoluble de contenido y forma, lo mismo que bajo altas temperaturas se instauran cuerpos nuevos que ya no son el simple total reversible de los elementos que en él entraron". La obra de Vuillard, como la de Matisse, es una síntesis de figura y lenguaje: su irremediable estilo, pintura del tacto. Pero la obra de Matisse, nacida en el fondo en la lección de Cézanne, es una reacción mecánica a la fluidez del impresionismo, al organicismo cromático, buscando, a diferencia de Vuillard, una fuerte estructura visual.

Edgar-Germain-Hilaire DEGAS (París 1834 - 1917 París)
Danseuse debout
Lápiz negro realzado con pastel, tiza y gouache blanco sobre papel
310 x 240 mm.
Firmado abajo derecha con lápiz rojo: "degas".
Escrito a lápiz "oreille transparente", "trop crout".

El aspecto de lo efímero en Degas se evidencia con la repetición temática (más y más bailarinas) y con la propia repetición de cabezas o piernas dentro del sketch, dotado de anotaciones referentes al color.
Degas utiliza carboncillo porque necesita un medio rápido, que le sirva a su captación de momentos espontáneos. Busca esa postura casual de la muchacha y busca la luz, pero también la captación de la ligereza del vestido de baile. Degas es un maestro de la captación no de poses sino de momentos, por eso necesita la desenvoltura del carboncillo. Por eso no le preocupa dejar patentes las correcciones o variaciones de manera que podamos seguir su proceso de trabajo, la manera de observar y captar que le caracteriza.
Degas busca con cuatro rasgos de carboncillo matizar una pose de la bailarina, y sobre todo a base del empleo de pastel, tiza y gouache blanco, todo a la vez, crear una volumetría con la captación del juego de la luz, tanto en el cuello de la muchacha como en los pliegues de la falda. Para que este uso no se patentice como casual Degas firma con lápiz rojo.

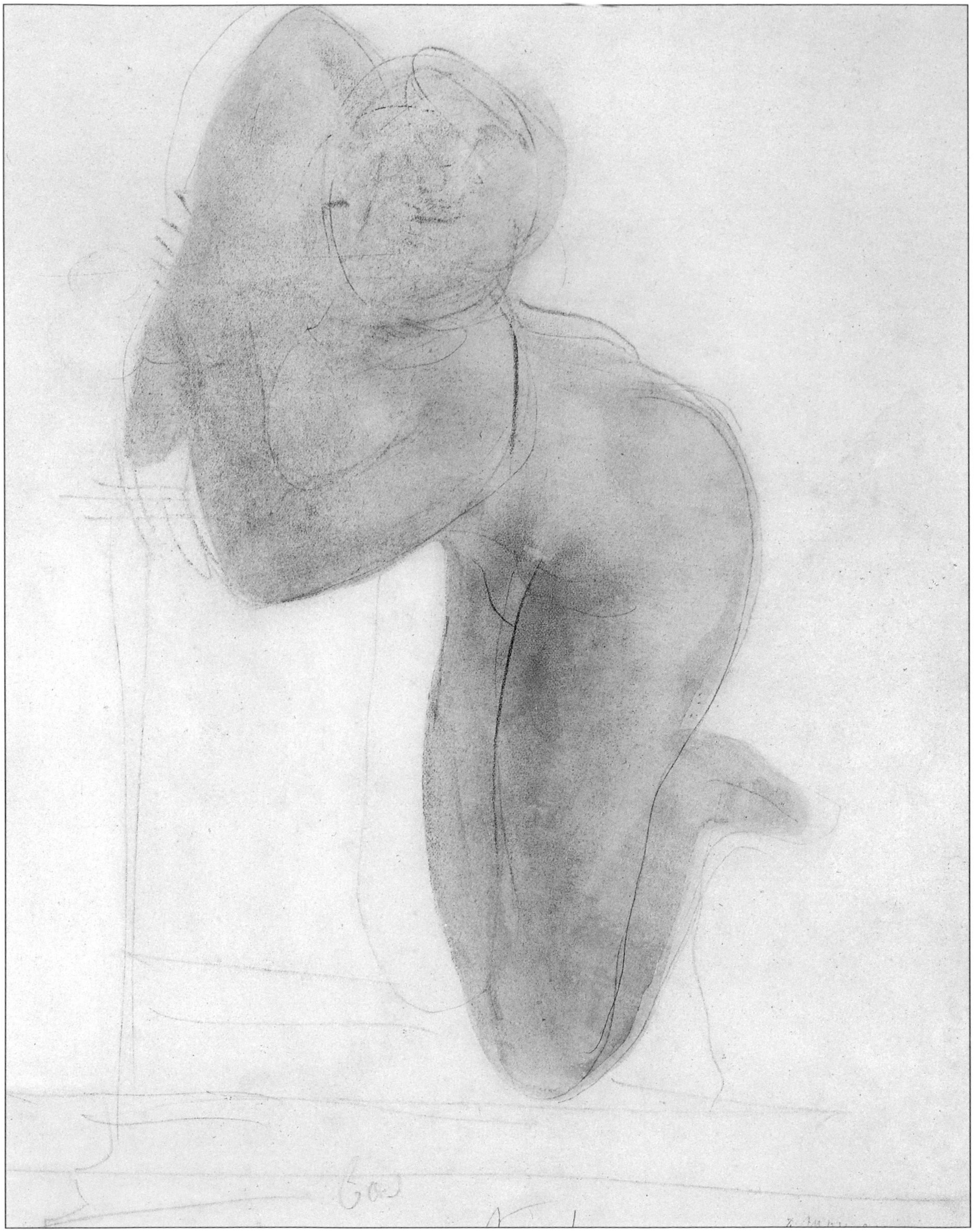

François-Auguste RODIN

(París 1840 - 1917 Meudon)

Figura arrodillada

c.1900-1902

Lápiz y acuarela sobre papel.

325 x 255 mm.

Firmado y dedicado al escultor Despiau: "A mon ami Despiau, Aug. Rodin".

Ben NICHOLSON

(Denham 1894 - 1982 Hampstead)

Urbino

1965

Tinta sobre papel marrón sobre papel con gouache y rayado gris,

32 x 30 mm. y 480 x 650 mm.

Firmado y fechado al dorso del papel: "NICHOLSON. URBINO. 1965".

Edgar-Germain-Hilaire DEGAS

(París 1834 - 1917 París)

Danseuse debout

Lápiz negro realzado con pastel, tiza

y gouache blanco sobre papel

310 x 240 mm.

Firmado abajo derecha con lápiz rojo: "degas".

Escrito a lápiz "oreille transparente", "trop crout".

Edouard VUILLARD

(Cuiseaux 1868 - 1940 La Baule)

Femme étendue

Mina de plomo sobre papel.

90 x 130 mm.

Firmado en el ángulo inferior derecho con el monograma: "E V".

1930 Y8   Relief im Zeichen des rechten Winkels

Paul KLEE

(Münchenbuchsee 1879 - 1940 Muralto)

Relief im Zeichen des Rechten Winkels

1930

Pincel con tinta sobre papel.

178 x 258 papel pegado sobre otro 330 x 500 mm. en el que

hay dos líneas horizontales de tinta enmarcando el dibujo pegado.

El dibujo está firmado en el papel abajo izquierda: "Klee".

Escrito a lápiz en el papel "1930 Y8. Relief im Zeichen des

rechten Winkels."

Ben NICHOLSON (Denham 1894 - 1982 Hampstead)
Urbino
1965
Tinta sobre papel marrón 32 x 30 sobre papel con gouache y rayado gris de 480 x 650 mm.
Firmado y fechado al dorso del papel: "NICHOLSON. URBINO. 1965".

En este interesante dibujo de tinta sobre papel marrón sigue Nicholson una técnica muy típica de Klee, pega el papel sobre otro, en este caso un papel con gouache y rayado gris. Este sirve para que el dibujo original, arquitectónico, adquiera todo su poder de síntesis.

Nicholson es, junto con Graham Sutherland, uno de los grandes maestros del dibujo en el siglo XX en Gran Bretaña, pero de alguna manera olvidado como el otro. Sutherland, elogiado por el influyente crítico Lord Beaverbrook, Nicholson con un yerno director de la Tate, han visto como estas bien establecidas relaciones se han convertido en pacto faustiano para su posterior fortuna crítica.

En el dibujo primero parece que el trazo de la pluma no se despega del papel, silueteando todos los capiteles que unas potentes columnas sujetan, como esa implacable bóveda aplastada. Entre ellos recrea Nicholson una nueva columna que, bañada por una pantalla negra de gouache, abre una especie de espacio absoluto. Para mayor contraste, a las otras dos columnas las remarca con un trazo de gouache blanco. De una arquitectura muy simple, en *Urbino*, consigue Nicholson con unos simples trazos de pluma, muy lineales y muy comedidos, la creación de un espacio que deja de ser arquitectura para ser magia y sobre todo ritmo caligráfico. La experiencia de Nicholson, uno de los artistas abstractos más fríos y geométricos, dibujando la arquitectura italiana como un pintor dominguero, es una de las experiencias más sublimes y delicadas —y a la vez muy cercana a su experiencia abstracta— que sobre el mundo italiano se ha hecho en el siglo XX. Pienso en los dibujos de Lucca (en la colección D. Mckee, Nueva York). Parece que Nicholson no sólo dibuja las columnas de piedra de la catedral, sino también esa columna de luz, casi más densa que la piedra, que, por ejemplo, en Roma baja de la cúpula del Panteón.

Paul KLEE (Münchenbuchsee 1879 - 1940 Muralto)
Relief im Zeichen des Rechten Winkels
1930
Pincel con tinta sobre papel.
178 x 258 papel pegado sobre otro 330 x 500 mm. en el que hay dos líneas horizontales de tinta enmarcando el dibujo pegado.
El dibujo está firmado en el papel abajo izquierda: "Klee".
Escrito a lápiz en el papel "1930 Y 8. Relief im Zeichen des rechten Winkels."

Como en casi todos sus dibujos Klee enmarca la composición con dos líneas horizontales de tinta escribiendo en ellas la fecha 1930 y el título *Relieve* con el dibujo del ángulo recto. Parece que Klee coloca toda su producción en esta distancia notarial que la anotación a tinta china y ese enmarque horizontal producen.

Sus obras, siempre en tamaño pequeño y a tinta, son minifundios lineales dentro de la historia del dibujo y de la pintura, detallándolos con esa escritura en líneas paralelas, poniéndoles esa cerca de título y fecha. Todas sus pequeñas obras constituyen páginas de una biografía en imágenes, pequeñas partituras que componen una coral, o un álbum de botánica.

Esas líneas a tinta producen una visión de su retrato más en profundidad, al estilo del efecto de grandeur que perseguía Wagner al diseñar su teatro de Bayreuth al poner en él dos proscenios: "el segundo más estrecho es una réplica del que está en primer lugar. Ello produce un cambio de escala y en consecuencia un aparente agrandamiento de cada cosa de la escena."

Klee se aparta de la corriente agresiva de la vanguardia con un halo de suavidad en toda su obra; incluso en este desarrollo de formas geométricas Klee consigue una suavidad exquisita tratando la tinta con un pincel muy delicado, consiguiendo un efecto sorprendente, como si la tinta hubiera sido dada con un spray o con un filtro de los usados para dar resinas en las planchas de aguafuerte. Klee reduce una experiencia geométrica a un juego de densidad, como en el concepto de Seurat, y de difuminación más que de dibujo del ángulo recto.

2. La ruptura del cubismo

El cubismo es un movimiento en la Historia del Arte, abierto por Georges Braque y Pablo Picasso, que en primer lugar se carga el sentido del dibujo, que viene desde el Renacimiento, del cuadro como ventana abierta en perspectiva. La perspectiva como modo mecánico de reducir el espacio tridimensional a una superficie bidimensional como es el papel, es una proyección donde todas las relaciones espaciales pueden ser medidas y reconstruidas. De aquí la validez funcional de esta proyección, que, como bien estudió Erwin Panofsky, es una forma simbólica de recreación del espacio de la mirada y por tanto una forma artificial, condicionada históricamente (esto es, con un nacimiento y por tanto con una posible defunción). El cubismo señala el fin del predominio de la visión perspectiva en las artes plásticas.

La hoja de papel deja de ser una ventana a través de la cual vemos una escena sujeta a las leyes de la perspectiva. Influcnciados

• por la experiencia de Cézanne (del que se celebra una exposición retrospectiva en 1905 en París),

• por la aparición de nuevas teorías sobre la geometría (o la revocación de las teorías de Euclides) y

• sobre todo por la nueva visión que la aviación permite (más lejana, más plana y menos perspectiva de la tierra como un todo), tanto Braque como Picasso se toman la tarea de plasmar la realidad (naturalezas muertas, retratos) desde diversos ángulos de visión a la vez. Las primeras tentativas las realizan en el verano de 1906, en L'Estaque y en Horta respectivamente. Surge así el movimiento cubista, en una primera etapa con Braque y Picasso (etapa analítica, bastante monocromática), y después con otros artistas (cubismo sintético, donde se introduce más el color, e incluso el collage), donde destaca fundamentalmente Juan Gris. No olvidemos, por otra parte, que en 1905 se produce el manifiesto de *Die Brücke*, que no es tanto un programa artístico como una posición diferente sobre el concepto de crear y de ver. Asimismo en 1905 tiene lugar la exposición de Matisse, Marquet, Derain, etc., calificada por la crítica, como la exposición de los *fauves*.

Los tres dibujos presentados corresponden a una etapa ya tardía en ambos artistas. La *Nature Morte* de Braque, indudablemente un boceto para un óleo titulado *Compotier et Verre*, juega con el lápiz de color rojo, afilado y presionado, creando perfiles y utilizado como carboncillo para crear sombras. Es una composición original incluso en su planteamiento horizontal. El mismo sentido melódico tiene *La brague à tabac* de Gris y sobre todo su *Naturaleza Muerta*, jugando con muy diversas tonalidades del gris del lápiz, creando espacios y perspectivas, en las que Gris siempre introduce un movimiento lírico, de curvas, la pipa en un caso, en el otro en medio de la composición un libro abierto. Gris se basa en esa especie de aguada tonal, aunque está hecha a lápiz, para evocar ciertos aires de ilusión barroca (marca inconfundible de las obras de este artista que no llegó a los cuarenta años), que desde luego poco tiene que ver con el sentido arcaico y primario de la teoría cubista.

Georges BRAQUE

(Argenteuil 1882 - 1963 París)

Nature morte

1918 - 1919

Lápiz de color rojo y carboncillo rojo sobre papel.

300 x 650 mm.

Firmado en la parte inferior a la izquierda: "G. Braque".

Juan GRIS

(Madrid 1887 - 1927 Boulogne-sur-Seine)
La brague à tabac
1919
Lápiz sobre papel.
224 x 173 mm.
Sin fecha ni firma.

Juan GRIS

(Madrid 1887 - 1927 Boulogne-sur-Seine)

Nature morte

1916

Creyón sobre papel.

255 x 360 mm.

Sin fecha ni firma.

3. La síntesis postcubista

Pasada la fuerza enfebrecedora de los movimientos vanguardistas como el cubismo o los constructivismos de todo tipo, así como las experiencias formalistas de Kandinsky y de la Bauhaus, parece que tras el crack económico de 1929 todos los artistas se refugian, no sólo en una vuelta al orden en la terminología de Cocteau, sino en experiencias más particulares, sujetas a la reflexión personal en el propio atelier y sobre todo a una cierta idea de síntesis. Como quien recapitula para abrir nuevas puertas a su carrera, les sucede a todos estos ejercicios espirituales: a Picasso, cuya reflexión máxima será el *Guernica*, a Kandinsky lejos ya de su primera obra abstracta al óleo de 1911 y de sus experiencias con la Revolución rusa, a Beckmann que comienza la ruta del exilio, etc. Aquí podemos contar con 5 ejemplos.

Por una parte Paul Klee, ahora con una representación no geométrica sino figurativa, donde es patente su técnica de jugar con papeles pegados y su enmarcamiento con líneas horizontales de tinta, colocando título y fecha.

Klee, con sus pequeños formatos y su personal caligrafía, se aparta a mediados de los años veinte de las vanguardias, después de haber asumido la lección del cubismo y la de los grupos formalistas.

Tras un viaje a la luz del sur, en este caso a Sicilia en 1924 —cuyo mejor ejemplo es el *Retrato de la señora P*, en el Guggenheim—, Klee va a la búsqueda de una claridad que densifique la luz; aquí en esa especie de rosa y azul erosionados, unificando toda la composición. Es el sol del fondo, con su especie de rotación, el que arroja el color hacia los personajes extraños del primer plano. Por un lado una cabeza de la que parece salir una especie de ángel en movimiento por otra un personaje como un jeroglífico. Si todo ello es fundamentalmente línea, es, sin embargo, el color el que recoge y unifica la composición. Klee condensa en ella experiencias formales y narración fantástica. Una página más de ese inquietante diario que es toda su producción.

Por otra parte, dos versiones muy diferentes como la dinámica de Frantisek Kupka (a base de gouache y lápiz, casi figurativa) y la estática de Lyonel Feininger (a base de acuarela y trazos entrecortados de tinta, casi abstracta). Pero el mejor ejemplo puede ser la comparación de dos cuadros: la *Nature morte* de Henri Laurens de 1918, un collage de papeles marrones y lápiz representando un bodegón con guitarra, y el *Painting 33* de Ben Nicholson de 1933, un óleo y lápiz sobre tela. Si el cubismo había abierto la pintura a ese juego de perspectivas y trazos sin necesidad de un sentido único en la representación, creando nuevas líneas, Laurens domina la lección con estos relieves que conforman los papeles en sus superposiciones, creando entre otras cosas el volumen de la guitarra, o los diversos planos del cuadro. La síntesis postcubista utilizará todas estas conquistas formales mezclándolas con las experiencias más literarias o fantásticas de los surrealistas. Nicholson consigue así en esta espléndida obra una representación con una escena en planos de color, y un juego de formas casi mironianas, y todo ello con la utilización de mínimos elementos, entre otros, la propia línea de lápiz, que recorre y unifica toda la composición.

Dado que son dos cuadros, no deberían estar en una exposición de dibujo, pero son dos composiciones que deben toda su fuerza plástica a las experiencias que en el mundo del dibujo se han llevado a cabo en los primeros veinte años del siglo.

En este mismo sentido de cuadros cercanos al mundo de la línea se encuentran otras dos obras que estuvieron en la colección Plaza-Arismendi como son el *Compotier et Trois Verres*, un óleo de Picasso de 1943, y el óleo de 1950 *Nu debout* de Giacometti.

Paul KLEE

(Münchenbuchsee 1879 - 1940 Muralto)

Jung Sein

1926-28

Dibujo a pluma y acuarela sobre papel Ingres blanco.

300 x 300 mm.

Firmado en la parte superior a la derecha:

"Klee", y firmado, titulado y fechado en la parte

inferior del cartón: "IV 1926.8 Jung Sein."

Frantisek KUPKA

(Opocno 1871 - 1957 Puteaux)

Pour un autre langage

1920

Gouache, acuarela y lápiz sobre papel gris.

205 x 215 mm.

Firmado en la parte inferior a la derecha: "kupka".

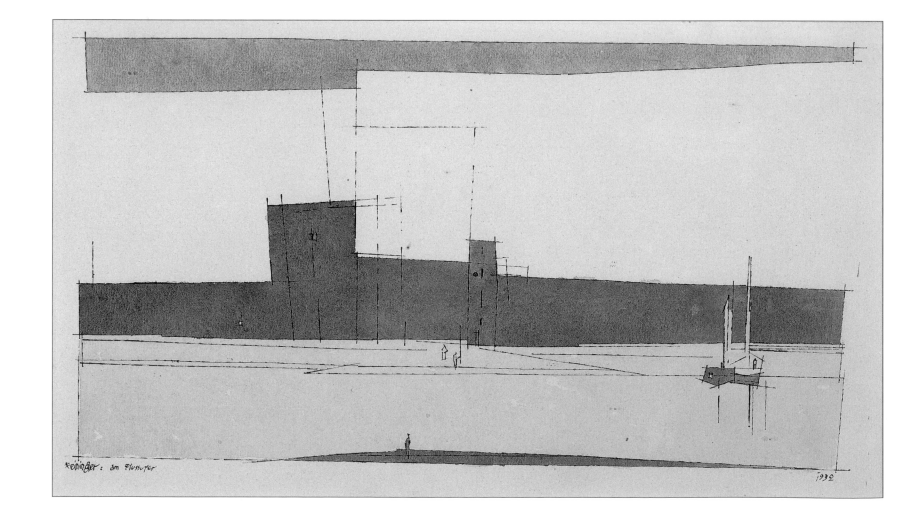

Feininger: am Flussufer   1932

Henri LAURENS

(París 1885 - 1954 París)
Nature morte avec guitarre
1918
Collage de papeles marrones y lápiz.
590 x 390 mm.
Sin firma.

Lyonel FEININGER

(Nueva York 1871 - 1956 Nueva York)
Am Flussufer
1932
Tinta y acuarela sobre papel.
215 x 395 mm.
Firmado y titulado en la parte inferior
izquierda: "Feininger: Am Flussufer"
y fechado en la parte inferior derecha: "1932".
◄

Ben NICHOLSON

(Denham 1894 - 1982 Hampstead)

Painting '33

1933

Oleo y lápiz sobre tela.

510 x 765 mm.

Sin fecha ni firma.

4. El grafismo pictórico

Bajo este título queremos recoger una serie de artistas que utilizan el lápiz, más que como generador de líneas, como un instrumento de modelado de manchas. Su forma de crear espacios no es en primera instancia un forma basada en la perspectiva, sino en la atmósfera, en la densidad de la luz más que en la profundidad de campo. Su búsqueda plástica es la búsqueda por la plasmación de una sensación, más que por la iconografía detallada. La utilización, pues, del lápiz, o, mejor dicho, para mantenernos en un plano general, la utilización de manchas o de manchas lineales, como un instrumento no delimitador sino referencial, se da en artistas tan diferentes como Vuillard y Balthus, como Bonnard y De Staël, o como Morandi y Bissier.

El dibujo de Vuillard titulado *Femme* se basa en lápices de colores, más bien grasos, depositados sobre un papel de acuarela, un papel absorbente, para crear una figura que flota en el vacío del papel. Apenas hay línea (una breve curva para señalar el vientre), parece que el carboncillo lo ha puesto Vuillard, como los viejos artistas japoneses, con un tampón de algodón. Dos notas de color en la cara (amarillo y ocre) y dos más en los codos matizan esta figura delicada (como lo hará Henry Moore en los brazos o en los paños, ver dibujo *Arrengements of Figures* de 1944), con ese aspecto de algo efímero que cuestiona toda la filosofía postimpresionista.

En este sentido está también el dibujo de Bonnard ya visto, y también con una técnica más suelta la *Nature morte* de 1920, donde un frutero y una jarra de agua vienen descritos a través de diferentes masas de rayados paralelos. En concreto, los límites de las frutas vienen señalados por la fuerte presión del lápiz haciendo que el plomo de la mina brille y conforme los objetos. Una nueva y excelente lección de Bonnard.

Semejantemente trabaja Balthus su *Jeune femme endormie*, jugando con la repetición del trazo y con lo difuminado. Lo apenas citado, el gato en la espalda de la muchacha; lo apenas insinuado, el pezón conseguido por una segura difuminación, son los elementos que dan ese carácter de ensueño y morbo a la obra de Balthus.

En el caso del desnudo de De Staël es lo contrario, la anchura de la línea y la mancha sobre los rasgos que componen la figura de la mujer, son las bases dinámicas del dibujo. Pero es también lo no dicho, la mano no dibujada, las piernas segmentadas, los rasgos de la cara no dibujados, como tampoco está dibujada la cama, lo que da el carácter sensual y placentero a la obra de De Staël.

Finalmente podemos comparar dos obras hermanas en el sentido de que ambos artistas, Morandi y Bissier, se enfrentan repetidas veces —en un *ostinato* formal y temático a lo largo de su vida— a los bodegones de jarras y vasos. Pero mientras Bissier juega con las transparencias, casi orientales, de la acuarela —incluso a la hora de estampar su firma— Morandi con el mismo medio, la acuarela, va en busca de lo opaco. Parece que es una cuestión de instinto el que lleva a uno a jugar con lo translúcido y al otro con lo opaco, una cuestión de instinto, de conocimiento natural, lo que Delacroix llamaba "the thinking touch", algo no aprendido sino intuitivo, que les lleva a manipular los pigmentos de una u otra forma, y donde reside lo esencial del artista.

Morandi trabaja una mancha estática donde no hay brillos; sabemos que buscaba cerámicas sin brillo y que pintaba el cristal de las botellas que le servían de modelo. Morandi busca la quietud de las cosas con una acuarela donde no hay variaciones de tonos y donde el lápiz ayuda silentemente a circunscribir los objetos. El fondo violeta es la realidad pictórica para Morandi que busca la sombra y de ella sale la luz que permite ver los objetos, que son reservas en el papel (lo no abarcado por el fondo violeta).

Bissier crea una naturaleza muerta donde todo se mueve como si las botellas ensayaran una coreografía, y así el cuerpo de la acuarela cambia en cada caso de tonos. Ambos dejan su firma sin ninguna modestia: Morandi con el rasgo seguido uniforme de su lápiz, Bissier con el movimiento y el corrimiento de la carga de agua patente en cada letra.

Pierre BONNARD

(Fontenay-aux-Roses 1859 - 1947 Le Cannet)

Nature morte

c.1920

Lápiz sobre papel.

135 x 198 mm.

Sin firma ni fecha.

Edouard VUILLARD

(Cuiseaux 1868 - 1940 La Baule)

Une femme

Lápices de colores sobre papel de acuarela.

410 x 285 mm.

Sin fecha. Firmado en la parte inferior

a la derecha: "E. Vuillard".

BALTHUS

(conde Balthasar Klossowski de Rola, París 1908)

Jeune femme endormie

1955

Lápiz difuminado sobre papel.

410 x 560 mm.

Sin fecha ni firma.

Nicholas de STAEL

(San Petersburgo 1914 - 1955 Antibes)

Nu

1953

Tinta con pluma y pincel sobre papel.

480 x 527 mm.

Firmado abajo a la derecha con monograma.

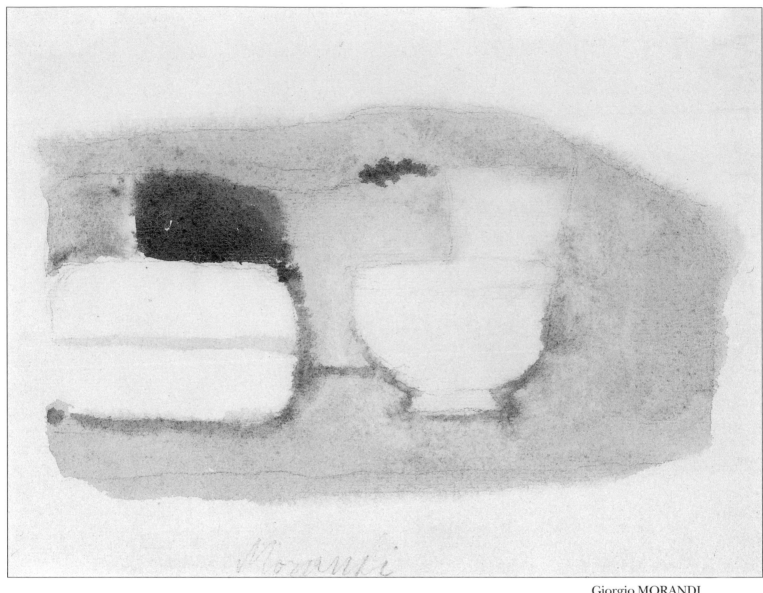

Giorgio MORANDI

(Bolonia 1890 - 1964 Bolonia)
Natura morta
1959
Acuarela sobre papel, con trazos de lápiz.
160 x 221 mm.
Firmada a lápiz en el centro, ligeramente
hacia la izquierda: "Morandi".

Julius BISSIER

(Freiburg in Breisgau 1893 - 1965 Zurich)
Sin título
1961
Acuarela sobre papel.
138 x 245 mm. (irregular en la parte inferior)
Firmada y fechada: "J. Bissier / 7 July 61".

►

5. El desnudo

Sobre este tema se han escrito bastantes libros, entre los que destaca el de Sir Kenneth Clark. Por eso no vamos a entrar a tratar el tema como un género, sino simplemente en la anotación de las diversas formas de acercarse al tema que tienen ocho autores.

Si el dibujo de Gustav Klimt, a lápiz, es un desnudo lánguido visto de manera frontal, el de Henri Gaudier-Brzeska, a tinta con pluma muy ligera es visto desde atrás, ofreciendo la sensualidad en su postura. Si en Klimt no hay pecho, en Gaudier-Brzeska la mujer lo exhibe, lo deja caer. Si Klimt utiliza la línea seguida y la repasa, en Gaudier-Brzeska las líneas no llegan a juntarse (véanse los muslos, el culo).

Parecido contraste se da entre la sanguina de De Pisis mostrando un desnudo acostado ofreciendo la espalda, y la tinta —con pluma y pincel con aguadas— de Guttuso ofreciendo a la vez unos glúteos y unos grandes pechos. De Pisis maneja muchos trazos, incluso algunos sin sanguina, con presión de una punta metálica sobre el papel verjurado, especialmente en los pies, en una pose apacible; Guttuso necesita del dramatismo no sólo de la expresión, sino también de la tinta densificada entre los pechos. De Pisis con su línea evocativa, llena de pausas, cambios de ángulo, con sus meticulosas marcas en el papel sugerentes de volumen vacío, bordeando y contorneando los pies, no da la sensación de sinuosidad o falta de seguridad en el trazo, sino, al contrario, un pulso seguro, que crea sin embargo una figura descansada, en calma: la tensión del trazo, la ruptura de la línea, sirven para crear un cuerpo sugestivo, limpio, de carne joven. Guttuso con la fortaleza de la pluma, y la calidez de la aguada, con lo acuoso, consigue la sordidez de lo sucio, de lo dantesco.

Si Henry Moore en el desnudo de su mujer de 1934 sentada sobre el brazo de una butaca juega con los diferentes tonos de la carga de tinta en el pincel, entre el gris de la acuarela y la potencia de la tinta, reformulando todo el cuerpo menos la cara, el también escultor Manzù en su doble desnudo de 1937 a la sanguina no ha podido dejar de reformular los cuerpos con el lápiz. Lo hace en tres ocasiones: en el movimiento de la pierna derecha de la mujer de perfil, en el volumen del pecho de esta misma mujer y en el espacio de la ingle.

Sin embargo, Henri Laurens en su mujer acostada no reformula nada, sino que basa su composición en una especie de línea seguida, de encaje en todos los miembros del cuerpo humano. Encima, lo subraya recogiendo la figura y su propio anagrama como firma dentro de otra superficie cerrada por una sola línea.

Frente a estos desnudos el de Bonnard en una hoja de un libro, con estampas al aguafuerte del propio autor, no trata de volúmenes sino de luces, el joven cuerpo desnudo de una muchacha es un espejo donde caen las sombras de un árbol que, más que cierra, abre la composición. Composición que no llega a acabarse, pues los pies de la muchacha no los permite ver la intensa luz solar de la escena.

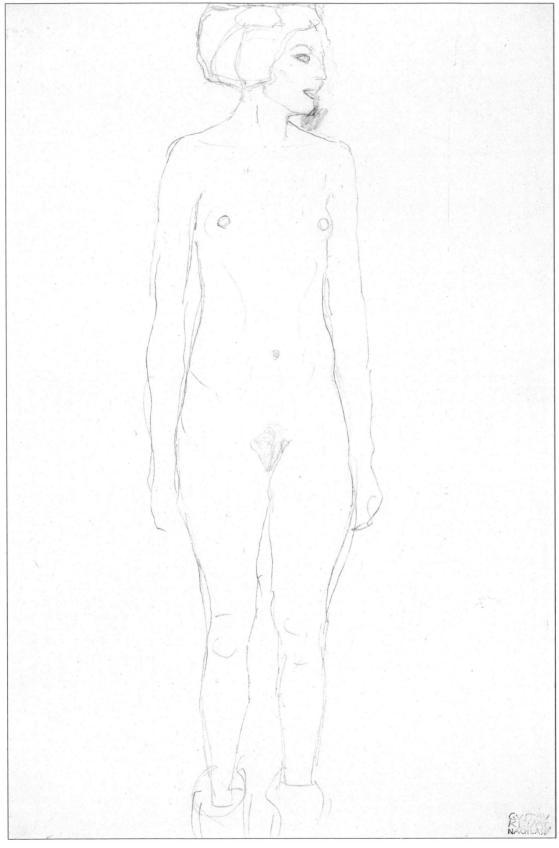

Gustav KLIMT
(Viena 1862 - 1918 Viena)
Desnudo de pie
c.1890
Lápiz sobre papel.
555 x 370 mm.
Firmado en la parte inferior hacia la derecha con sello:
"GUSTAV / KLIMT / NACHLASS".

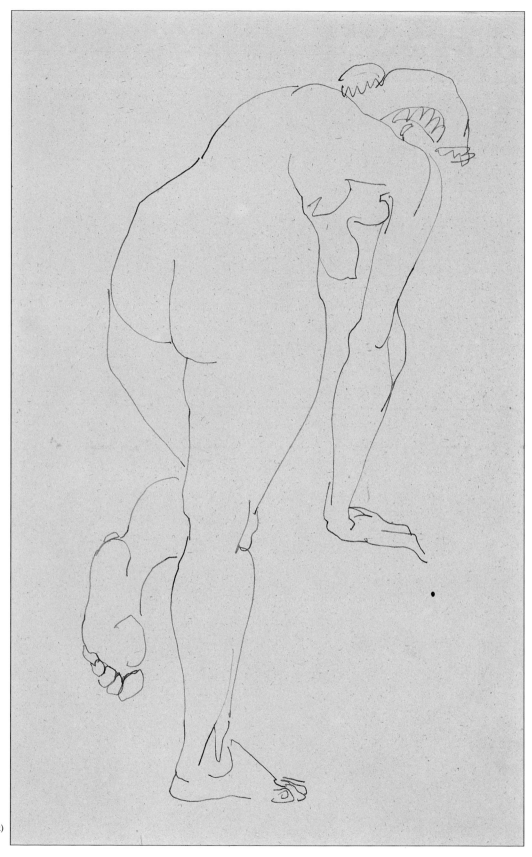

Henri GAUDIER-BRZESKA

(Saint-Jean-de-Braye 1891 - 1915 Neuville-Saint-Vaast)

Desnudo de mujer

Tinta con pluma sobre papel.

380 x 250 mm.

Sin fecha ni firma.

Filippo DE PISIS

(Ferrara 1896 - 1956 Milán)

Nudo

1918

Sanguina sobre papel verjurado.

310 x 460 mm.

Firmado y fechado a lápiz en el ángulo

inferior izquierdo: "Pisis - 1918".

Renato GUTTUSO

(Bagheria 1912 - 1987 Roma)
Disegno
Pluma y pincel con aguada sobre papel.
510 x 370 mm.
Firmado a lápiz en el ángulo inferior
derecho: "Guttuso".

Giacomo MANZU
(Bérgamo 1908 - 1992 Milán)
Nudi di donne
1937 (según carta del artista)
Sanguina con toques de lápiz sobre papel Fabriano.
460 x 260 mm.
Firmado arriba a la derecha: "manzù".

Henry MOORE

(Castleford 1889 - 1986 Much-Hadham)
Nude (H.M. Wife)
1934
Acuarela y tinta con pincel sobre papel.
550 x 370 mm.
Firmado y fechado en el ángulo interior
derecho: "Moore 34".

Henri LAURENS

(París 1885 - 1954 París)

Femme couchée

1950

Lápiz sobre papel.

125 x 200 mm.

Firmado en la parte inferior derecha con monograma "HL" envuelto en una línea de lápiz.

Pierre BONNARD

(Fontenay-aux-Roses 1867 - 1947 Le Cannet)

Sin título (Nu)

Lápiz sobre papel.

318 x 260 mm.

Firmado con las iniciales: "PB".

El dibujo está realizado en una de las páginas del libro

Les Pastorales de Longus ou Daphnis et Chloé, con 156

litografías del propio Bonnard, en la edición de

Ambroise Vollard, en París año de 1902, ejemplar nº 85.

6. La Abstracción

Que el dibujo no necesita ser referente de nada sino mero juego lineal no es una batalla ganada por las vanguardias, sino algo manifiesto ya en los grabados prehistóricos. Pero queremos traer aquí cuatro ejemplos de la fuerza *per se* de unos buenos dibujos, dos de ellos efectivamente abstractos, otros dos sólo en un primer momento, porque son representación de dos caras y unas flores, pero su fuerza radica no en la representación sino en el dinamismo intrínseco de la línea. Dos dibujos más que figurativos *figurabile*, que en italiano tiene un doble sentido, en cuanto figurativo, que representa algo, y en cuanto imaginable. Ambos sentidos parecen servir a los cuatro dibujos escogidos para esta sección.

El *Daddy Long Legs* de 1942 es un óleo sobre cartón tratado con lápiz por Ben Nicholson, un dibujo que bien podría acompañar el *De prospectiva pingendi* de Piero della Francesca. No es de extrañar la opinión del propio Nicholson refiriéndose a las obras de Georges La Tour: "la pintura y la experiencia religiosa son lo mismo y lo que todos buscamos es el entendimiento y la comprensión del infinito".

La descripción de este infinito parece que es el fin de la *Composition* de 1961 de Tobey con acuarela y gouache, jugando con las reservas del papel (el papel no manchado). Las líneas de fuerza de su pensamiento pictórico se desgarran en múltiples, acechantes apéndices y ramificaciones, como un musgo que cubre el discurso del papel, el *overall* de la pintura americana de los 50, la *malerische malerei* de los alemanes. No se trata ni en Nicholson ni en Tobey, de un puzzle de líneas al que haya que buscar el significado. Las líneas como las olas del mar chocan con el mismo muro del papel, pero todas siendo iguales son distintas, y se elevan con la luz como se elevan las aguas con la luna. El dibujo de Tobey no es una ventana abierta, como la que abre la pintura del Renacimiento, es una mancha cerrada, una página miniada, lenguaje visual en busca del silencio místico.

En cambio, las páginas de Morlotti y de Dubuffet son manchas, con lápiz o con tinta china, abiertas a la comprensión de unas flores (que sólo existen como blanco en el papel) o a la de la representación de dos muñecos. Es la mancha, los trazos oblicuos, los que permiten que surjan las imágenes, como cuando nos empeñamos en pasar la imagen de una moneda a un papel precisamente negándolo con el color de la mancha del lápiz. Así surgen las bellas flores o ese difícil diálogo de los dos personajes de Dubuffet.

La obra de Jean Dubuffet, como por otra parte las *White Paintings* de Tobey o la poesía de Celan o la de Valente, no es mímesis, no es simple representación de la realidad: es ella misma realidad. Realidad de la imagen poética o texto inscrito en el lienzo o en el papel que no siguen a una realidad, sino que se desarrollan y se fundamentan ellas mismas como realidad. Por ello no se puede mirar estas imágenes buscando un sentido. El poeta Dubuffet, como el poeta de las mujeres, W. de Kooning, exige del espectador entrar en el campo que su grafía, que su papel —como Miró con sus campos de estrellas— es, abre y encierra.

Marc TOBEY
(Centerville 1890 - 1976 Basel)
Composition
1961
Acuarela y gouache sobre papel.
525 x 300 mm.
Firmada y fechada en el ángulo
inferior izquierdo: "Tobey61".

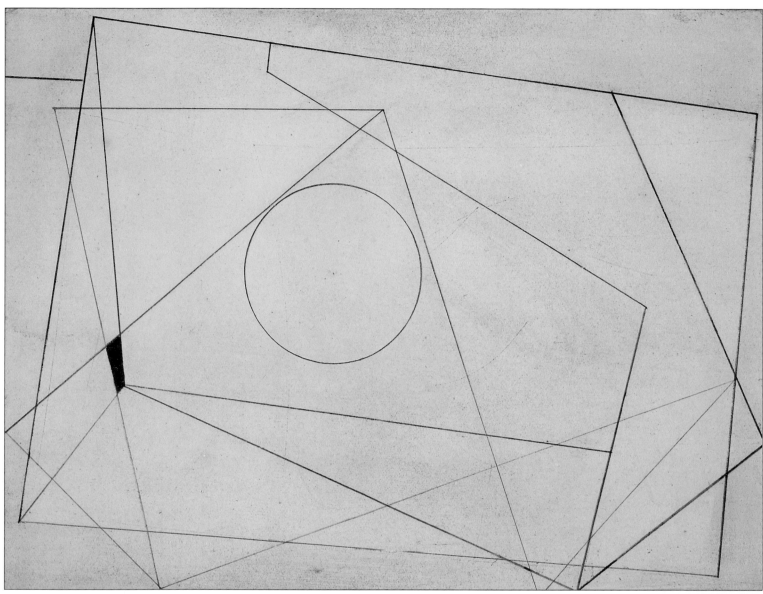

Ben NICHOLSON

(Denham 1894 - 1982 Hampstead)

Daddy Long Legs

1952

Oleo y lápiz sobre cartón.

245 x 295 mm.

Firmado, titulado y fechado al dorso, por el autor,

lleva los sellos de la galería Saidenberg de

Nueva York y Beyeler de Basilea.

Ennio MORLOTTI
(Lecco 1910 - 1992 Milán)
Fiore
1964
Lápiz y carboncillo sobre papel.
365 x 510 mm.
Firmado y fechado a lápiz en la parte inferior
hacia la derecha: "Morlotti 64".

Jean DUBUFFET
(Le Havre 1901 - 1985 París)
Deux personnages dans un paysage
1960
Tinta china sobre papel.
250 x 320 mm.
Firmado y fechado abajo derecha a tinta:
"J.D. / mai 60".

►

7. El retrato

El retrato, como el paisaje o el desnudo, pertenece a los diversos géneros del dibujo. Sin embargo, el retrato es diferente de cualquier otro género de representación. Simplemente porque la especificidad y realidad de su referente es diferente a la de los objetos en los bodegones o a la de los paisajes. Un retrato, para ser un retrato, presupone la existencia real y específica de una persona. En un paisaje cada artista puede perderse como él quiera y pueda, pero frente a un retrato —la más representacional forma de una imagen artística— el artista debe dominar su herramienta de trabajo. Ser un buen retratista significa dominar la herramienta de trabajo, el lápiz, y a la vez ser dueño de las propias limitaciones en el dibujo.

En este sentido no hemos incluido en este capítulo los retratos ya vistos de Ingres sobre lady Litton, de Forain sobre Mme. Mendelsohn, o de Henry Moore sobre su propia mujer, sino que hemos querido escoger una pequeña muestra de obras de quien pasa por ser el mejor retratista del siglo XIX en Venezuela, el pintor —también de origen vasco— Arturo Michelena. Para ello no hemos buscado los conocidos retratos de próceres que realizó ni los retratos de niños. Hemos preferido buscar cuatro retratos de la vida cotidiana. Uno de un amigo, con lápiz muy duro, donde la cabeza está muy trabajada, mientras que las manos o la propia postura sentada, están realizadas como un simple apunte. Otro de un pintor, donde Michelena conforma el rostro con un gran dominio de rasgos paralelos realizados a carboncillo; el divertido apunte de un personaje popular, a caballo y fumando un puro; o el más íntimo de una mujer de la familia, recostada mientras hace punto.

Michelena, uno de los cuatro artistas —junto con Antonio Herrera Toro, Martín Tovar y Tovar y Cristóbal Rojas— clave en la pintura decimonónica venezolana, había pasado por París en dos ocasiones (1885-1890 y 1891-92). Alumno en la famosa Academia Julian, conocía la herencia de Ingres y del realismo francés, pero se inclina por una visión más clasicista y de alguna manera doméstica. Como ha escrito Cornelis Goslinga: "En (su) obra se describe un mundo diferente, un mundo fácil de comprender, un mundo soñador, de flores y de cielos azules. Sus personajes son los mismos hombres de carne y hueso que encontramos a diario". Estos personajes, ya sin nombre pero cotidianos al autor, son los que hemos escogido para esta sección del retrato, concretizado en Venezuela.

Arturo MICHELENA

(Valencia 1863 - 1898 Caracas)

Retrato de hombre

Lápiz sobre papel.

300 x 220 mm.

Sin fecha ni firma.

Escrito arriba a la derecha con tinta de bugalla, muy debilitada:

"Doy fe que este dibujo es de / mi finado marido Arturo /

Michelena / Su viuda / Lastenia de Michelena"

Arturo MICHELENA

(Valencia 1863 - 1898 Caracas)

Retrato

Lápiz y carboncillo sobre papel.

320 x 250 mm.

Sin fecha ni firma.

En el reverso tiene otro dibujo, un doble apunte

de un hombre con chistera y de otro con sombrero.

Arturo MICHELENA

(Valencia 1863 - 1898 Caracas)

Mujer cosiendo

Lápiz sobre papel verjurado.

200 x 260 mm.

Sin fecha ni firma.

Escrito abajo a la derecha con tinta china:

"Doy fe que este dibujo es / de mi finado marido

Arturo / Michelena / Su viuda / Lastenia T. de Michelena".

Arturo MICHELENA

(Valencia 1863 - 1898 Caracas)

Sin título

Lápiz sobre papel de acuarela.

240 x 158 mm.

Sin fecha ni firma.

Escrito arriba a la derecha con lápiz muy debilitado:

"General continuista". Abajo con tinta, de otra mano:

"Por Arturo Michelena 1953 Lastenia Tello de Michelena".

La última sílaba está fuera del papel del dibujo,

escrita sobre el papel de fondo.

8. La caricatura

Para este apartado hemos elegido tres piezas por su sentido actual: dos del británico Max Beerbohm, sobre el príncipe de Gales en los años veinte recibiendo una reprimenda (pero que no deja de ser actual en nuestros días) y sobre Paul Verlaine, un activo crítico de arte en el cambio de siglo. La tercera es una caricatura de la familia Plaza-Arismendi realizada con acuarela por Sir Norman Reid, que fue director de la Tate Gallery de Londres de 1948 a 1979, y uno de los grandes amigos de esta pareja de coleccionistas. Con motivo de una visita de los dos matrimonios a Ferrara en 1984, y tras la ingestión de un ligero pudding, el historiador británico realiza esta divertida acuarela que representa a los cuatro sobrevolando el *Castello Ferrarese* de los Este, pertrechada Beatriz Arismendi con tres máquinas fotográficas, que le acompañaban en todos sus viajes.

Las dos acuarelas de Max Beerbohm (1887-1956), uno de los mejores ilustradores británicos de la primera mitad de siglo, son dos ejemplos típicos del sentido de toda caricatura. Por un lado retrato, por el otro dinamita enmascarada de suave polvo de talco. Todo ello adornado con un emblema o titulación con una frase tendenciosa, tan innecesaria como potente la ironía que encierra.

Las mejores caricaturas han sido obras de grandes artistas, de Leonardo a Durero, de Hogarth a Daumier, de Picasso a Calder, de Feininger a Reinhardt, de Guston a Steinberg. Beerbohm tuvo su máxima fuerza en el primer cuarto de siglo, sobre todo cuando en 1910 se va a vivir a Italia y la distancia de Londres le permite, gracias a su potente memoria visual, congelar agriamente la vida cultural británica en sus acuarelas. Sin embargo, a partir de 1930 y de su serie *Heroes and Heroines of Bitter Sweet* su caricatura pierde fuerza porque pierde dinamita; en sus propias palabras "I seemed to have mislaid my gift for dispraise. Pity crept in". La caricatura debe ser inmisericorde, porque, si no, se queda en simple retrato, y nunca debe ser excesiva, pues su estrategia es la de la simplicidad.

The rare, the rather awful visits of Albert Edward, Prince of Wales, to Windsor Castle.

Max BEERBOHM

(Londres 1872 - 1956 Londres)
The Rare, the Rather Awful Visits of Albert Edward,
Prince of Wales to Windsor Castle
1921
Acuarela sobre papel.
330 x 190 mm.
Firmado y fechado abajo a la izquierda: "Max 1921".

Max BEERBOHM
(Londres 1872 - 1956 Londres)
Paul Verlaine
c.1919
Acuarela y tinta sobre papel.
320 x 190 mm.
Firmado arriba a la derecha: "Max".

'OSE LUIS, HAVING EATEN THE LIGHTEST PUDDING EVER AT 'LA PROVVIDENZA' IN FERRARA, HAS SOME DIFFICULTY IN KEEPING HIS FEET ON THE GROUND.

Ferrara 3-XI-84

Sir Norman REID

(Londres 1915)

Caricatura José Luis y Beatriz Plaza

1984

Acuarela y lápiz sobre papel.

210 x 180 mm.

Firmado y fechado abajo a la derecha: "ferrara 3.XI.84".

Escrito a tinta: "Jose Luis, having eaten the lightest pudding ever at 'La Provvidenza' in Ferrara / has some difficulty in keeping his feet on the ground".

9. Dibujos de escultores

Uno de los aspectos más notables de la elección de dibujos de Arismendi es el gran número de dibujos realizados por escultores. Incluso algunos de ellos pasan por ser de las primeras compras realizadas. No puede extrañar, dado que en la casa se encuentra también gran número de piezas escultóricas de todas las épocas y de todas las civilizaciones. Desde dos pequeños y excelentes ídolos de las Cícladas, pasando por un torso de Vishnú o una cabeza de Buda del arte kmer, a una cabeza excelentemente modelada de una *nobildonna bizantina*, o piezas de Degas, Bourdelle, Manzù, Marino Marini o Moore.

En los apartados anteriores hemos visto ya dibujos de Manzù, de Moore, de Rodin o de Gaudier-Brzeska. Especialmente interesante, desde el punto de vista de la escultura, al margen de su visión del desnudo, era el de este último, un autor fallecido en el frente de la Primera Guerra con 24 años, pero que había recibido ya el elogio de su amigo Ezra Pound y de Roger Fry. Este que había sido director del Metropolitan Museum de Nueva York y editor del Burlington Magazine, había fundado el Omega Workshop y encargado una gran escultura para su jardín al escultor francés. El desnudo de Gaudier-Brzeska deja patente la visión plástica sobre todo en detalles conformadores de espacio como las líneas que no se juntan o la extraña y potente forma de construir el pie.

Los escultores usan la figura femenina, la estructura del cuerpo humano, para examinar y analizar las relaciones formales más que para la búsqueda de expresión o de carácter. Esto se ve no solo en el dibujo de Gaudier-Brzeska, sino también en el *Nu allongé* de Rodin, una acuarela de tono rosa, aguada blanca y un dibujo muy suelto a lápiz. Estos trazos de lápiz determinan las sombras de una difícil postura del cuerpo, marcan y determinan espacios y luces; incluso Rodin utiliza el lápiz para negar la expresión de la cara, un par de trazos desconforman, más que señalan, la cara de la muchacha.

La organización del espacio en los dibujos de los escultores es clara y fuerte, donde las correcciones, los arrepentimientos, no se enmascaran, sino que se utilizan, como las tintas en el grabado, para crear atmósferas, para tallar o para modelar, dependiendo de la tendencia de carácter del escultor.

Por ejemplo, en la sanguina de Maillol, *Marie* de 1936, que a base de pun-

tos sobre un papel de pelo consigue un modelado excepcional. Los dos grandes papeles de Marino Marini, *Giocoliere e cavallo*, están realizados con un punzón que levanta la textura cromática del papel y graba un sencillo pero potente relieve con la visión frontal de los caballos. Giacometti usando un lápiz realiza dos interiores, una visión amplia de la casa de Maloja (una mujer con un ovillo de lana y la lámpara son reconocibles) y unas cestas de fruta sobre la mesa, con esa técnica suya también como si usara un punzón y estuviera quitando materia.

Los dos collages de papeles de colores y gouache de Henri Laurens, su *Zeus y Ares* o su *Retrato de Cortesanas*, de 1925, son dos excelentes ejemplos de su dominio del sentido del relieve. Laurens sabe conformar líneas con los propios medios pero también con los cortes y las superposiciones. Como Marini con una sola línea de silueta, que es esencialmente caricaturizadora y plana, consigue a través de esa sugestión suya de contornos y de escorzos, una línea de silueta que es fundamentalmente línea de escultor, dadora de implicación de volumen.

Este sentido, de juego con el concepto de límite que toda línea conlleva (el punzón de Marini), y de juego con el concepto de relación que se forma entre los papeles (los collages de Laurens), o entre el contacto o distancia de las líneas (los pies de Gaudier-Brzeska), lo podemos ver concentrado en una obra abstracta de una gran fuerza visual, semejante a sus esculturas en acero, el collage de Chillida *Composition*. Hacia 1968, fecha de este dibujo, hay un paso en el dibujo, en el grabado, en el collage de Chillida de lo rítmico, japonés, de la fuerza de la respiración al equilibrio, a la estructura, al pensamiento, al hieratismo de la forma geométrica. Aparece entonces en Chillida un diálogo de formas, formas blancas y negras que se interpenetran más que se oponen, estableciendo entre ellas un lugar dinámico, una geometría nueva, un nuevo equilibrio plástico. Sobre un papel cartulina Canson se desparrama una vibración de papeles negros, algunos tratados con un gouache marrón y ocre, que también penetra en el papel; dentro del negro un par de cortes de tijera muy estrechos configuran dos potentes líneas. Esta especial alquimia de línea, forma, color y composición hace que en el rectángulo de papel se condense la fuerza del rayo o la vibración del acero. Es una de las composiciones más líricas, y de más color, en la obra de este gran escultor. El dibujo de Chillida es un dibujo frío, como lo es también su obra plástica, aun cuando haya sido trabajada al fuego. Un dibujo razonado, sometido a la disciplina de la síntesis, de lo escueto, persiguiendo con la mayor simplicidad de líneas un momento visual pleno.

Los cortes como dadores de fuerza espacial son también importantes en una de las obras de Julio González, de l929. Uno de ellos con tinta y lápiz representa una botella, el otro representa también la botella pero añade ahora el artista un corte en el papel que hace que la botella no sólo adquiera volumen sino también líquido. La comparación entre los dos dibujos ayuda a entender claramente cómo González utiliza tres medios gráficos: el lápiz, la tinta con pluma y el corte en el papel.

De una manera más delicada es el tratamiento lineal, con toques de lápices de color, de *Arrangements of Figures* de Henry Moore, de 1943. Pertenece a la serie de dibujos realizados de memoria en su casa de Much Hadham de las escenas vistas en los túneles del metro durante los bombardeos de Londres en la Segunda Guerra Mundial. Son conocidos con el nombre de *Shelter*, refugios, y determinarán gran parte de su obra escultórica posterior. Tratados con mucho juego de líneas para crear las figuras, hay en ellos siempre un pequeño toque de color. Pero como ha señalado Bernice Rose "Moore no estaba interesado en el color en cuanto tal, él quería crear una atmósfera y un espacio alrededor de sus formas, que las coloca en el dibujo como una escultura es colocada en un lugar". Moore da unos trazos en la superficie del papel, en líneas paralelas o en juegos de torbellinos, como da en las esculturas la pátina para controlar el reflejo de las luces.

Si Moore modela sus dibujos con las líneas de tinta, o con la aguada como en el retrato de su mujer desnuda de 1934, anteriormente visto, Modigliani inscribe las figuras en sus dibujos como si estuviera rascando una caliza. Por eso hemos colocado los tres dibujos de Modigliani en este apartado de los dibujos de escultores.

Modigliani recoge evocaciones formales muy diferentes: por una parte la técnica de los primeros tanteos cubistas, por otra, la influencia de las artes tribales africanas (el Museo del Hombre será un lugar de peregrinación para los jóvenes artistas), pero sobre todo la visión esquemática de los ídolos de las islas Cícladas y de la forma de retrato de los egipcios (su gusto por las piedras duras).

El retrato de mujer es un dibujo convencional, propio del pintor, pero los otros dos, la *Tête* de 1910-11 con un tratamiento muy seco del carboncillo y la *Cariatide* de 1912 con una mayor dulzura debido a los toques de acuarela azul y roja, son dos grandes dibujos de escultor. Fundamentalmente por el sentimiento de lo compacto, de compresión (de encaje en la piedra), como si todo hubiera sido planchado, que se acerca a veces a una especie de tiranía egipcia. La fuerza de la cabeza está en el hecho de que se escapa del papel, con la frente cortada y con la gran silueta dadora de profundidad. En la *Cariatide* el fuerte escorzo lineal, apoyado por el fondo azul (también la cabeza está cortada), hace que la figura tienda a escapar del papel.

Poca importancia se ha dado al dibujo de los escultores en los últimos años. Las excelentes exposiciones monográficas organizadas por Pieter Coray en Lugano (de dibujos de Brancusi a Wotruba) o recientemente la exposición del Brooklyn Museum of Art en Nueva York, *The Second Dimension: Twentieth Century Sculptor's Drawings,* compuesta por 75 obras de Rodin a Richard Serra. Estos dibujos seleccionados por Beatriz Arismendi en nada envidian a tal exposición, siendo algunos, por ejemplo, los de Rodin, mucho más paradigmáticos que los tres de la modelo Jean Simpson que Gerald Cantor donó al museo americano.

François-Auguste RODIN

(París 1840 - 1917 Meudon)

Nu allongé

Acuarela de tono rosa y aguada blanca y carboncillo sobre papel.

250 x 320 mm.

Sin fecha ni firma.

Amedeo MODIGLIANI
(Livorno 1884 - 1920 París)
Retrato de mujer
Lápiz sobre papel.
425 x 260 mm.
Firmado en la parte inferior
a la izquierda: "modigliani".

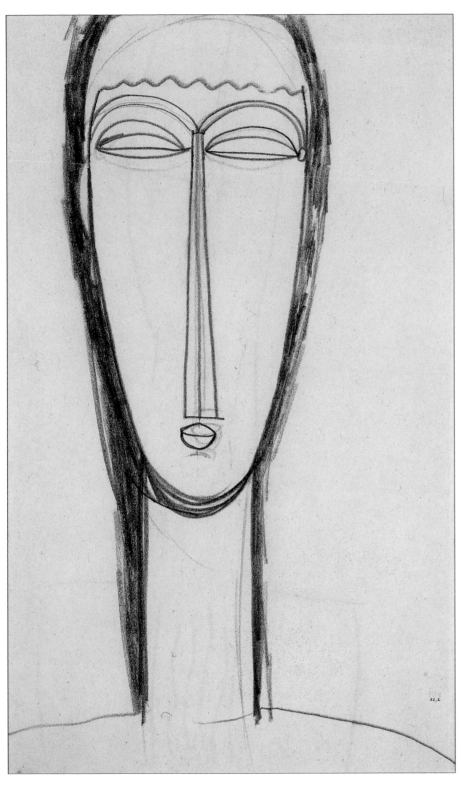

Amedeo MODIGLIANI
(Livorno 1884 - 1920 París)
Tête
c.1910-1911
Carboncillo y lápiz sobre papel.
430 x 260 mm.
Sin firma, pero con el sello en rojo del
Dr Paul Alexandre y nº 22,2 de su colección,
en la parte inferior a la derecha.
Presenta otro dibujo a lápiz en el dorso.

Aristide MAILLOL

(Banyuls-sur-Mer 1861 - 1944 Banyuls-sur-Mer)

Marie

1936

Sanguina sobre papel antiguo.

340 x 240 mm.

Firmado con la inicial "M." envuelta en lápiz.

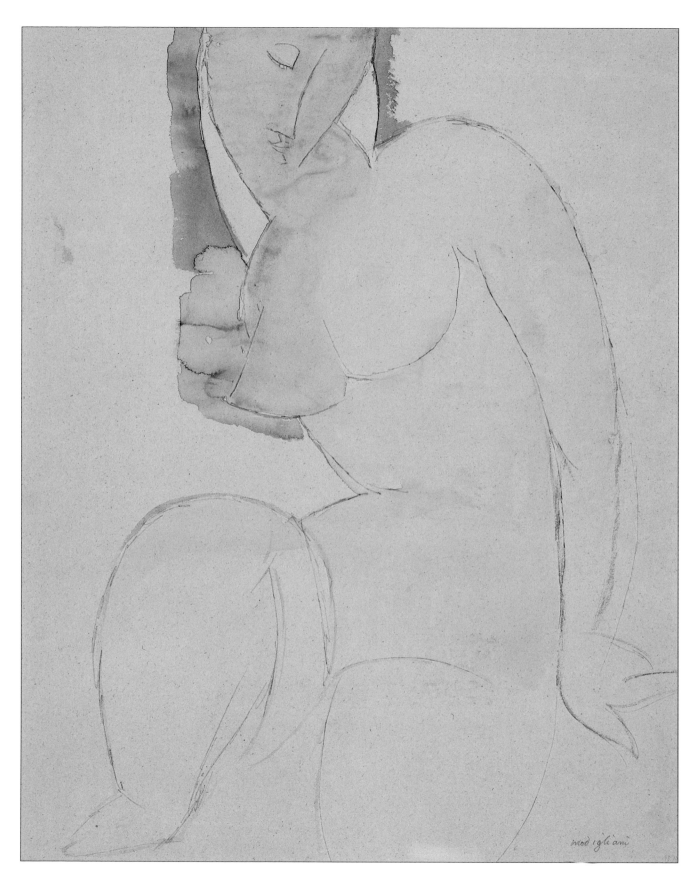

Amedeo MODIGLIANI

(Livorno 1884 - 1920 París)
Caryatide
c.1912-1914
Acuarela azul y roja y lápiz sobre papel.
540 x 425 mm.
Firmado abajo a la derecha: "Modigliani".

dialogue des Courtesanes
1ᵉ esquisse

Henri LAURENS

(París 1885 - 1954 París)

Dialogue des courtesanes

c.1925

Collage con tres papeles (negro, amarillo y rosa)
sobre cartulina blanca. Gouache blanco sobre papel
blanco y lápiz recorriendo todos ellos.

345 x 265 mm.

Firmado abajo derecha con monograma y a lápiz: "HL"
y escrito a lápiz "dialogue des courtesanes / 1 esquisse".

Henri LAURENS

(París 1885 - 1954 París)

Zeus y Ares

c.1925

Collage con papel negro y granate,
lápiz fino, lápiz graso y tiza.

330 x 260 mm.

Firmado abajo derecha con
monograma a lápiz: "HL" y escrito
a lápiz "Zeus / Ares / 1 esquisse".

Alberto GIACOMETTI

(Stampa, Suiza 1901 - 1965 París)

Interieur avec figure

1954

Lápiz sobre papel.

580 x 410 mm.

Firmado y fechado en el ángulo inferior

izquierdo: "Alberto Giacometti 1954".

Otro dibujo al dorso con la misma estancia

desde otra perspectiva.

Alberto GIACOMETTI

(Stampa, Suiza 1901 - 1965 París)

Naturaleza muerta

1957

Lápiz sobre papel.

500 x 320 mm.

Firmado y fechado en el ángulo inferior izquierdo:

"Alberto Giacometti 1957".

Otro dibujo al dorso que representa una silla, sin firmar.

Julio GONZALEZ
(Barcelona 1876 - 1942 Arcueil)
Natura morta
1929
Tinta y lápiz sobre papel.
155 x 90 mm.
Sin fecha ni firma.

Julio GONZALEZ

(Barcelona 1876 - 1942 Arcueil)
Natura morta
1929
Tinta y lápiz sobre papel.
201 x 155 mm. Sin fecha ni firma.

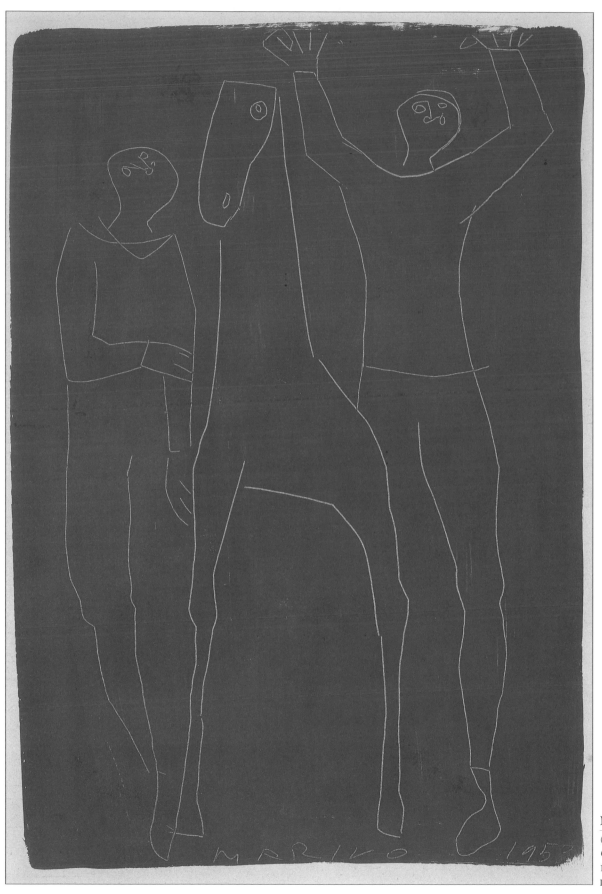

Marino MARINI

(Pistoia 1901 - 1980 Viareggio)

Giocoliere e cavallo

1953

Dibujo al punzón sobre fondo de
acuarela verde, sobre papel crema.

425 x 620 mm.

Firmado y fechado abajo en verde:
"MARINO 1953".

Marino MARINI

(Pistoia 1901 - 1980 Viareggio)

Giocoliere e cavallo

1953

Dibujo al punzón sobre fondo de acuarela

marrón, sobre papel negro.

425 x 620 mm.

Firmado y fechado en el papel negro abajo

con lápiz:

"MARINO / 1953".

Eduardo CHILLIDA

(San Sebastián 1924)
Composition
c.1966
Collage con papeles negros y gouache
marrón y ocre sobre cartulina canson.
710 x 500 mm.
Firmado a lápiz abajo izquierda
y monograma: "Chillida".

Henry MOORE

(Castleford 1889 - 1986 Much-Hadham)

Arrangement of Figures

1943

Carbón y ciertos rasgos con lápices de colores sobre papel.

380 x 560 mm.

Firmado y fechado en el ángulo inferior derecho: "Moore 43".

10. Morandi frente a Calder

En este último apartado queremos contraponer unos dibujos de Morandi a otros dibujos de Calder. Ambos artistas representan el coleccionismo de dos hermanas: Beatriz Arismendi poseyó una de las mejores colecciones del artista de Bolonia, cerca de treinta cuadros, toda su obra gráfica e innumerables dibujos. Para esta exposición hemos hecho una selección de nueve dibujos del artista. Su hermana Margot Arismendi, casada con el arquitecto Carlos Raúl Villanueva, ardiente defensor del movimiento moderno, tuvo una de las mejores colecciones de escultura y dibujos del artista americano Alexander Calder. Queríamos cerrar esta exposición con esta bella anécdota de enfrentamiento de teoría del gusto y de coleccionismo: la pintura silente de un artista franciscano y el dinamismo de color de un impenitente viajero y un gran bebedor.

Los dibujos de Morandi son un par de acuarelas, como dibujos en sí, una de las cuales, de 1963, es una de las naturalezas muertas con más cambios de tono en la acuarela, con más diferentes cargas de pincel, en la producción de Morandi. Uno de los dibujos, *Natura morta* de 1952, es un boceto para un cuadro (en la propia colección Plaza, catálogo Vitali n. 827). Representa los objetos inmortales de Morandi: una taza, unas cajas, la jarra de agua de opalina y la bayeta amarilla de quitar el polvo a las cosas. Es un dibujo muy lineal donde no hay sombra con trazo oblicuo, sólo hay línea y ciertas diferencias de presión, sobre todo en la taza en primer plano y en el número 2 de la fecha.

En el *Paisaje* de 1934 trata Morandi una casa (muy al estilo de los paisajes de última época, como el pequeño óleo *Paesaggio* de 1963) donde la naturaleza acecha sobre ella. La forma de extender el lápiz es siempre de manera oblicua, y muy pocas rayas interrumpen esa serialidad del trazo. Morandi, como lo hará toda la vida, utiliza un papel suave pero de peso, de la marca Fabriano.

En la *Natura Morta* de 1960 busca Morandi la abstracción, el reduccionismo minimal. Son dos jarras encuadradas por líneas que ascienden: una media que se pierde en el vacío de la izquierda del papel, la otra vista de frente por su asa. Morandi necesita sólo once toques de lápiz y la variable densidad con que se expresa la mina de plomo para crear una imagen perfecta.

En toda la obra de Morandi se manifiesta una misma línea de motivos, como algo permanente que cae y se repite con su denuncia de movimiento conocido y de familiaridad. La discreta aparición de los objetos o su soslayada presencia hacen que la piel, la superficie cromática, respire. La silente respiración del color en el lienzo, o en el papel, es algo que siempre persiguió Morandi jugando en ese umbral a la abstracción que fue su permanente soliloquio con vasos y botellas.

Su búsqueda plástica se dirige hacia la concentración y hacia la esencialidad: lo absoluto y la discreción funcionan aquí a la vez. Su belleza radica en la presencia concentrada. Trata la pintura de Morandi de una concreción de lo abstracto a la vez que de una revocación de lo real en favor de otra realidad, la plástica. Así le interesan no tanto los objetos y su función como lo que a través de su plasmación, del trabajo en la superficie del color, en el juego y rayado de los tonos, se puede conseguir como categoría visual. Recordemos que además de vasos y botellas pintó gran número de veces flores de trapo, es decir, algo muerto. En la *oeuvre* de Morandi hay tres bodegones con este motivo de 1950, 1959 y 1962.

La obra de Morandi es un proceso de eliminación de lo no esencial, una reducción de la objetualidad de las cosas diarias. No trata Morandi sobre la experiencia del objeto, esto es, de su representación, sino de la experiencia de ganar en él lo esencial. Su tema es la perennidad, un acercamiento a lo perenne con la matemática infinitesimal de su pintura. Igualmente en Calder toda su obra es un proceso hacia la simplificación: la reducción en el color, la reducción en las formas, la reducción en la descripción objetual. Pero, mientras Morandi lo hace con la mirada del filósofo melancólico, Calder lo hace con la alegría del escéptico. Ambos manejan una iconografía sin palabras, que se niega a la descripción.

De Calder hemos hecho una selección que recoge más el espíritu didáctico de la exposición. De él hemos seleccionado un dibujo modelo para una escultura, un apunte sobre un guardia hecho en la cafetería, unos marginalia de unas cartas, una caricatura del arquitecto Villanueva, un boceto para los grandes paños del techo del Aula Magna de la Universidad, un excelente ricordi que recapitula todas las esculturas vendidas en Venezuela y dos dibujos en sí, de carácter autónomo. Estos dos dibujos son los que expresan con mayor claridad la diferencia de pensamiento visual con respecto a Morandi, el carácter lúdico y la búsqueda de movimiento en toda la obra del americano.

Con los *Mobiles* Calder introduce en la escultura el movimiento y el cambio, el juego y el equilibrio. Lo monumental para este americano, que aterriza en París en l929 y construye su primer móvil en 1932, no tiene por qué tener peso, y puede ser ligero y divertido: no se trata de tamaño, sino de equilibrio. Aunque estos juegos de formas están en la pintura de Miró, no es Calder un escultor surrealista, sino un vitalista cargado de emociones simples. Calder es un viajero empedernido con dos casas, una en Francia, otra en Connecticut. Morandi no sale nunca de su ciudad natal, Bolonia.

Calder actúa sobre la materialidad de la obra, donde la piedra o las maderas o los hierros no son planos ni volúmenes ni tan siquiera dibujos, sino áreas en movimiento. El espacio de la escultura no es el de las tres dimensiones, sino una configuración de partículas, anterior a la división de los sentidos. A la vez Calder actúa sobre la obra implicándola en una operación psicológica: no hay materialidad artística sino escenografía, permanente puesta en escena, pues las obras se mueven con la más mínima corriente de aire.

Ambos, Morandi y Calder, construyen así una realidad específica en mayor medida que reproducen visualmente un objeto dado en la naturaleza. La obra de arte no es reproducción de una experiencia: la obra de arte, las botellas silentes de Morandi o los juegos mercuriales de Calder hacen la experiencia al estar ahí.

La línea en los dibujos de Morandi no describe ni conforma objetos, sino que constela formas. Tampoco la línea de Calder describe ni conforma, constela formas en movimiento. La búsqueda de ambos es la de lo no espectacular en la sutilidad intensa y en la claridad inesperada. Primer plano y profundidad, planos o volúmenes, quedan revocados en la concentración de luz, color y forma. Les diferencia que los resultados son totalmente opuestos, lo estático frente a lo dinámico, lo introvertido contra lo extravertido, la parsimonia frente a la diversión permanente.

Giorgio MORANDI

(Bolonia 1890 - 1964 Bolonia)

Paesaggio

1934

Lápiz graso sobre papel.

240 x 280 mm.

Firmado y fechado en la parte inferior hacia la izquierda: "Morandi 1934".

Tiene un apunte de una casa por el otro lado del papel, fechado en 1935.

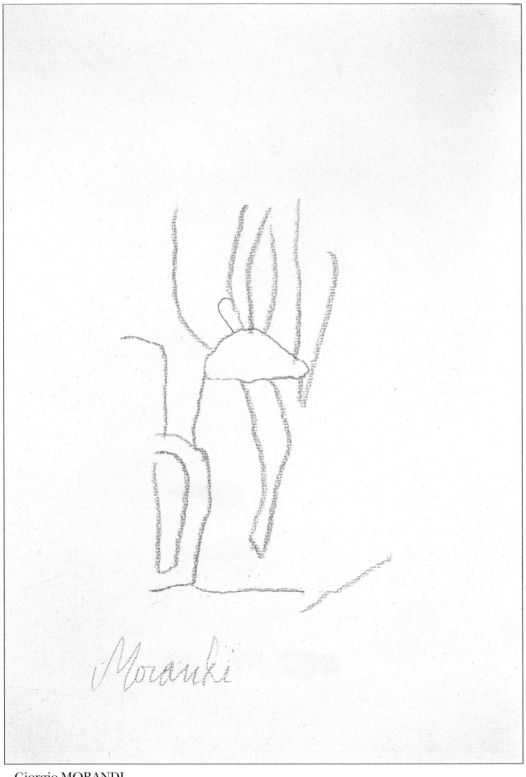

Giorgio MORANDI

(Bolonia 1890 - 1964 Bolonia)

Natura morta

1960

Lápiz sobre papel.

275 x 190 mm.

Firmado en la parte inferior hacia la izquierda: "Morandi".

Giorgio MORANDI

(Bolonia 1890 - 1964 Bolonia)

Natura morta

1958

Lápiz sobre papel.

165 x 240 mm.

Firmado y fechado en la parte inferior

hacia la izquierda: "Morandi 1958".

Giorgio MORANDI

(Bolonia 1890 - 1964 Bolonia)

Natura morta

1941

Lápiz sobre papel.

210 x 310 mm.

Firmado y fechado en la parte inferior

hacia la derecha: "M 1941".

Giorgio MORANDI

(Bolonia 1890 - 1964 Bolonia)

Natura morta

1952

Lápiz sobre papel.

235 x 334 mm.

Firmado y fechado en la parte inferior
en el centro: "Morandi 1952".

Giorgio MORANDI

(Bolonia 1890 - 1964 Bolonia)
Natura morta
1960
Lápiz graso sobre papel.
235 x 330 mm.
Firmado en la parte inferior hacia el centro: "Morandi".

Giorgio MORANDI

(Bolonia 1890 - 1964 Bolonia)
Natura morta
1963
Acuarela sobre papel.
210 x 310 mm.
Firmado a lápiz en la parte inferior
hacia la izquierda: "Morandi".

Giorgio MORANDI

(Bolonia 1890 - 1964 Bolonia)

Natura morta

1963

Acuarela sobre papel.

300 x 205 mm.

Firmado a lápiz en la parte inferior al centro: "Morandi".

Alexander CALDER

(Philadelphia 1898 - 1976 Nueva York)

Apunte guardias

c. 1955

Lápiz sobre papel.

327 x 142 mm.

Sin fecha ni firma.

Alexander CALDER

(Philadelphia 1898 - 1976 Nueva York)

Caricatura de Carlos Raúl Villanueva

1963

Tinta china con pincel sobre papel duro.

108 x 76 mm.

Firmado abajo al centro derecha, con tinta: "Carlos para Sandy/63".

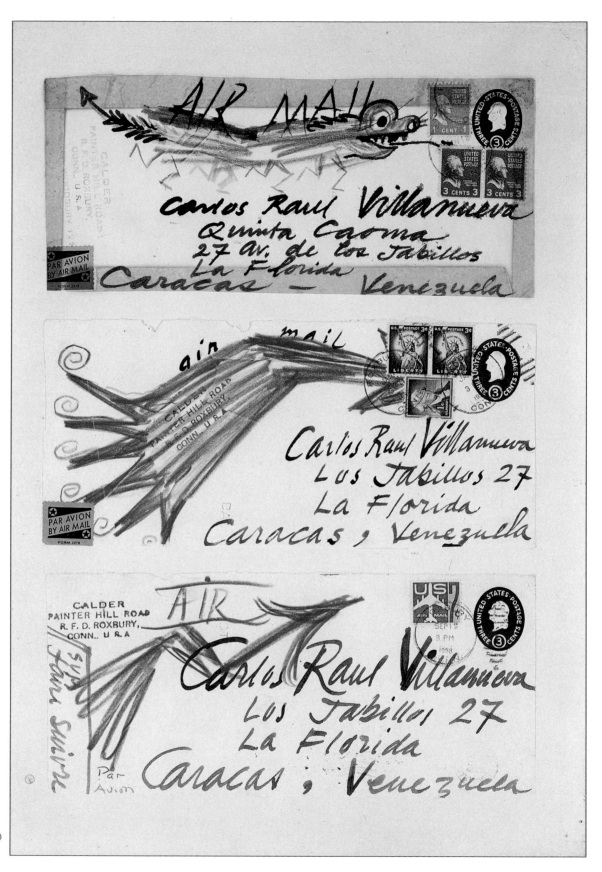

Alexander CALDER

(Philadelphia 1898 - 1976 Nueva York)
Sin título
1958
Tinta china y lápices de colores
sobre papel.
395 x 295 mm.

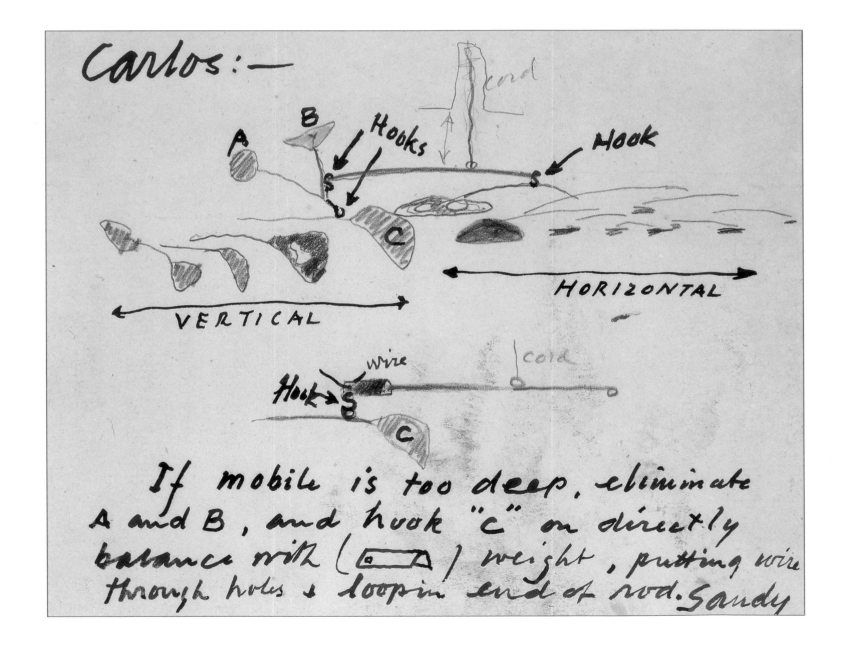

Carlos:—

Hooks

Hook

B

A

Hooks

C

VERTICAL

HORIZONTAL

wire

cord

Hook

C

If mobile is too deep, eliminate A and B, and hook "C" on directly balance with (▢) weight, putting wire through holes & looping end of rod. Sandy

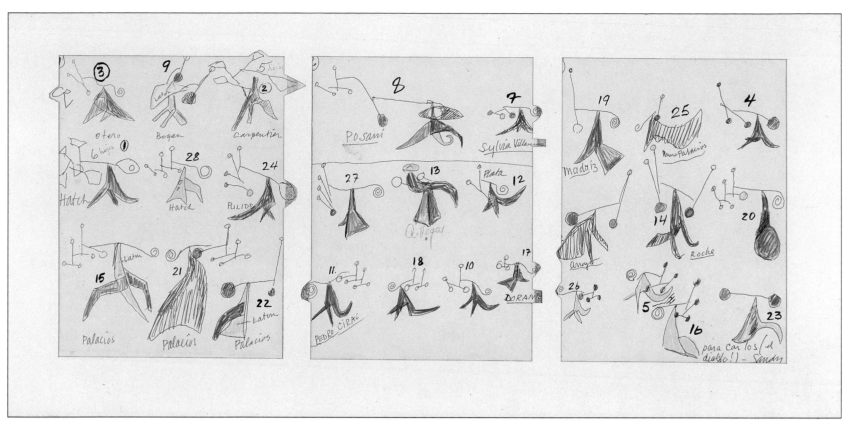

Alexander CALDER

(Philadelphia 1898 - 1976 Nueva York)

Ricordi

1964

Lápiz y lápices de colores, tinta china y tinta azul sobre tres papeles.

370 x 750 mm.

Firmado abajo a la derecha con tinta: "para Carlos (el diablo!). Sandy".

Alexander CALDER

(Philadelphia 1898 - 1976 Nueva York)

Maqueta de Móvil

c.1956

Tinta china y lápices de colores sobre papel.

215 x 275 mm.

Firmado abajo a la derecha: "Sandy".

Escrito asimismo: "If mobile is too deep, eliminate/ A and B,
and hook "C" on directly/ balance with [ ] weight, putting
wire/ through hobs + loopin end of rod".

Alexander CALDER

(Philadelphia 1898 - 1976 Nueva York)

Circo

1958

Tinta con pluma sobre papel.

745 x 1035 mm.

Firmado abajo a la derecha: "para Margot y Carlos R. / Sandy Calder '58".

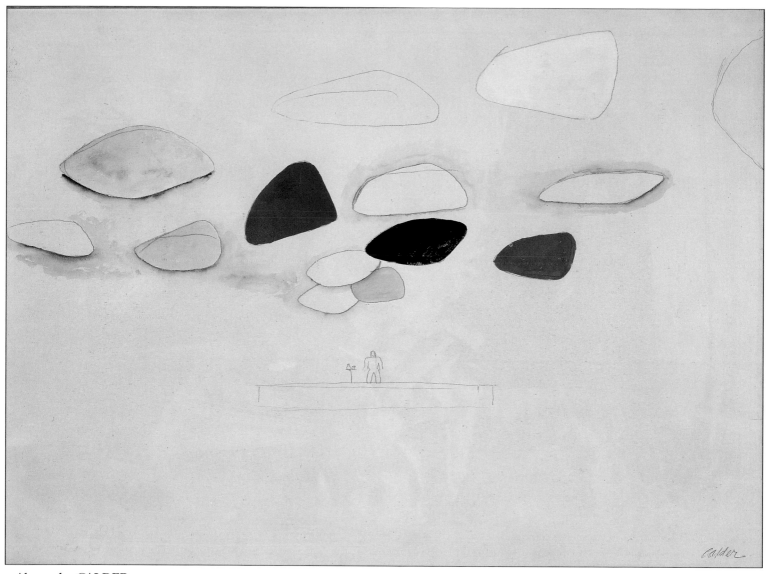

Alexander CALDER

(Philadelphia 1898 - 1976 Nueva York)

Modelo para paneles Aula Magna

c.1953

Lápiz y tinta china, gouache rojo y amarillo, y aguada.

765 x 1055 mm.

Firmado abajo a la derecha a lápiz: "Calder".

Alexander CALDER

(Philadelphia 1898 - 1976 Nueva York)

Idolos

1962

Oleo negro sobre papel.

74 x 104 mm.

Firmado abajo con pincel y tinta: "para Carlos R. V. / Calder 62".

Catálogo Técnico

Kosme de Barañano

1. Estilos en la Historia

Gabriel DE SAINT-AUBIN

(París 1724 - 1780 París)
La Leçon de Dessin
Piedra negra frotada con tiza sobre papel amarillento
encuadrado a lápiz.
213 x 152 mm.
Sin firma ni fecha.
Procedencia:
Col. Alfred Le Chait, subasta (anónima),
París, 28.02.1877, nº 193.
Col. Goncourt, subasta 15, 17.02.1897, nº 274.
Col. Y. P. Heseltine, Londres.
Col. G. Blumenthal, París.
Exposiciones - Bibliografía:
E. de Concourt: *La Maison d'un Artiste*, 1880, tomo I, p. 150.
E. y J. de Concourt: *L'Art du XVIII siécle*, ed. 1880-1884, tomo
II, p. 436; edición de 1914, t. II, p. 210.
Catálogo *Dessins de l'Ecole Francaise du XVIII siécle, de la Colectiva
Heseltine*, París, 1913, nº 64 repr.
Catálogo de la colección Blumenthal, 1930, vol. 5, pl. XVI.
E. Dacier, *Gabriel de St. Aubin*, París-Bruxelles, 1931, tomo II,
nº 680.
Francois Boucher et Philip Jaccottet: *Le Dessin Francais au
XVIII Siécle*, Ed. Mermod, Lausanne, 1952.
Reproducido a plena página en el catálogo de la Gallerie
Cailleux, Faubourg St. Honoré, París, 1969.

Jean-Auguste-Dominique INGRES

(Montauban 1780 - 1867 París)
*Portrait of Lady Lytton, Wife of the English Ambassador
to Italy*, c.1818
Lápiz sobre papel (restaurado en 1951).
280 x 130 mm.
Firmado abajo en el centro: "Ingres Del."
Tiene la marca de la colección Beurdeley, abajo a la izquierda.
Procedencia:
Colección Alfred Beurdeley, París.
Subasta de esta colección en Galerie Georges Petit, París, 2-4
juni 1920, Nr. 226, Abb. ("Lady Lytton, ambassadrice
d'Anglaterre en Italie", 5300 Francs, an Marcel Lémonon).
Colección Marcel Lémonon, París.
Colección Galerie Wildenstein, Nueva York.

Exposiciones - Bibliografía:
Henry Lapauze, *Les portraits dessinés de J.A.D. Ingres*, París,
1903, p. 20, ilustración ("Femme au turban", fechada hacia
1814).
Octave Uzanne, *L'art graphique et figuratif de Monsieur Ingres*,
"Mercure de France", París, 01.03.1911, p. 47 ("LadyBulwer
Lytton, femme de l'ambassadeur d'Anglaterre en Italie").
"Apollo", 4, St. Petersburg, 1912, ilustración 6 entre la pp.16-
17 ("Lady Lytton").
Francois Monod, *L'exposition centennale de l'art francais á Saint-
Pétersbourg*, "Gazette de Beaux Arts", París, abril 1912, p. 306
("Lady Lytton").
René Jean, *L'art francais á Saint Pétersbourg, exposition centennale
sous les auspices de S.A.I. le Grand-Duc Nicolas Mikhaïlovitch*,
París, 1912, p.15, nota 2 ("Lady Lytton").
Hans Naef, *Ingres' Portrait Drawing English Sitters in Rome*, en
"The Burlington Magazine", London, diciembre 1956, p.
432, ilustración p. 433.
Exposition centennale de l'art francais, 1800-1889, Gran Palais,
París, 1900, Nr. 1096 ("Lady Lytton").
Exposition centennale de l'art francais, St. Peterburg, 1912, Nr.
663 ("Lady Lytton").
Art francais, *1800-1889*, Musée d'art et d'histoire, Genf,1918,
Nr. 177 ("Lady Bulard Lytton, ambassadrice d'Anglaterre á
Florence").
Hans Naef, *Die Bildniszeichnungen von J.A.D. Ingres*, Bentelli
Verlag, Bern 1977, vol. IV, p. 438.

Giambattista PIAZZETTA

(Venecia 1683 - 1754 Venecia)
Cabeza de muchacha
Carbón realzado con albayalde sobre papel oscuro.
390 x 310 mm.
Sin fecha ni firma.
El papel está roto hacia la mitad del borde izquierdo.
Procedencia:
Subasta de Sotheby's en Bond St., Londres, 27.01.1966,
nº 181 del catálogo.
Marco tallado y dorado al oro fino, copia Luis XV de
"Encadrements R.G.", rue Bonaparte, París. Passepartout
de Pollak, St. James Yard, Londres.

Jean-Louis FORAIN

(Reims 1852 - 1931 París)
Retrato de Mlle. Mendelsohn
Carboncillo realzado con clarión blanco y pastel naranja
sobre papel marrón oscuro.
320 x 255 mm.
Firmado en la parte inferior derecha en rojo con la inicial: "F.".
Procedencia:
Colección André Schoeller, París, hasta 1955.
Colección Pedro Vallenilla, Caracas.

John CONSTABLE

(East Bergholt 1776 - 1837 Londres)
Landscape, a Country Lane with Cottage and Trees
c.1829
Acuarela sobre papel.
92 x 130 mm.
Sin fecha ni firma.
Procedencia:
Colección P. y D. Colnaghi, Londres.
Exposiciones - Bibliografía:
Graham Reynolds, *Catalogue of the Constable Collection*, Londres
1973, p. 190-192.

Jean FAUTRIER

(París 1898 - 1964 París)
Composition
1959
Gouache y tinta china sobre cartón.
650 x 500 mm.
Firmado y fechado en el ángulo inferior izquierdo con mono-
grama: " x59".
Procedencia:
Col. David G. Thompson, Pittsburg.
Col. Galeria Beyeler, Basilea.

Georges SEURAT

(París 1859 - 1891 París)
L'Estacade
c.1890 (según Kahn), c.1888 (según Hauke)
Lápiz conté sobre papel.
220 x 290 mm.
Sin fecha ni firma.

Procedencia:

Col. Galeria Claude Bernard, rue de Beaux Arts, París.

Exposiciones - Bibliografía:

Inventario póstumo nº 104 bis, en archivos Claude Bernard.

Caesar de Hauke, *Seurat et son oeuvre*, t. II, nº 692, Ed. Grund, París, 1961.

Gustave Kahn, *The Drawings of G. Seurat*, Dover Ed., Nueva York, 1971, nº 104.

Ellen W. Lee, "Seurat at Gravelines: The Last Landscapes" en el catálogo de la exposición *Seurat*, Indianapolis Museum of Art, 1990, p. 50-54.

John Rewald, *Seurat: A Biography*, Nueva York, 1943; reedición en Abrams, Nueva York, 1990, p. 240 ss.

Catálogo *Georges Seurat, 1859-1891*, Metropolitan Museum de Nueva York, 1991, dedica varias páginas a los últimos dibujos y a los cuatro últimos paisajes marinos de las Gravelines (cuatro óleos sobre tela y cuatro sobre panel). De los ocho dibujos a lápiz sobre este estuario del Aa y el canal, sólo se presentaron dos.

Pierre BONNARD

(Fontenay-aux-Roses 1867 - 1947 Le Cannet)

Nu debout à la toilette

c.1898

Lápiz sobre papel.

165 x 163 mm.

Sin fecha ni firma.

Procedencia:

Col. Pierre Berés.

Alberto GIACOMETTI

(Stampa, Suiza 1901 - 1965 París)

Retrato de Soshana

1958

Lápiz sobre papel.

515 x 340 mm.

Firmado y fechado en el ángulo inferior derecho: "Alberto Giacometti - 1958".

Procedencia:

Col. Mme. Soshana Afroyin, de la que pasó directamente a Mr. Thomas Gibson.

Col. Galería Thomas Gibson Fine Art Ltd., Londres.

Forma parte de varios retratos a lápiz hechos por el artista a la pintora Mme. Soshana Afroyin, retratista a su vez de Giacometti.

Odilon REDON

(Burdeos 1840 - 1916 París)

Le Char de Soleil

1885

Pincel con óleo sobre papel pegado sobre tela.

495 x 370 mm.

Firmado a la derecha junto a la pata del caballo: "Odilon Redon".

Procedencia:

Col. Dres. Fritz y Peter Nathan, Zurich, cuya etiqueta lleva al dorso.

Col. Kornfeld y Klipstein, Berna, nº rcf. 45904.

Exposiciones - Bibliografía:

Catálogo *Redon* de la Mathiesen Gallery, Londres 1959, nº 29.

Exposición conmemorativa del centenario de H.G. Gutekunts, Berna, 1964.

Catálogo de Kornfeld und Klipstein, Berna, 1966, nº 19.

Henri MATISSE

(Le Cateau 1869 - 1954 Cimiez, Niza)

La France

1939

Carboncillo sobre papel.

720 x 380 mm.

Firmado y fechado en el ángulo inferior izquierdo: "Henri Matisse - 9 nov. 1939".

Procedencia:

Col. Galería Heins Berggruen, rue de l'Universite, París.

Exposiciones - Bibliografía:

Catálogo *Matisse*, Kunstmuseum, Lucerna, julio-octubre 1949.

François-Auguste RODIN

(París 1840 - 1917 Meudon)

Figura arrodillada

c.1900-1902

Lápiz y acuarela sobre papel.

325 x 255 mm.

Firmado y dedicado al escultor Despiau: "A mon ami Despiau, Aug. Rodin".

Procedencia:

Col. Charles Despiau, París.

Col. herederos de Ch. Despiau, París.

Col. Dina Verney, París.

Egon SCHIELE

(Tulln 1890 - 1918 Viena)

Cabeza de mujer

1913

Lápiz sobre papel.

470 x 310 mm.

Firmado y fechado en la parte inferior del dibujo al centro: "EGON / SCHIELE / 1913", y abajo a lápiz y letra minúscula: "egon schiele".

Procedencia:

Col. Galeria Galatea, via V.Vela, Turin.

Exposiciones - Bibliografía:

Catálogo de *Mostra di Egon Schiele*, Galeria Galatea, Via San Andrea, Milán, noviembre 1962.

Edouard VUILLARD

(Cuiseaux 1868 - 1940 La Baule)

Femme étendue

Mina de plomo sobre papel.

90 x 130 mm.

Firmado en el ángulo inferior derecho con monograma: "E V".

Procedencia:

Col. A. Salomón, París.

Col. H. Beres, París.

Edgar-Germain-Hilaire DEGAS

(París 1834 - 1917 París)

Danseuse debout

Lápiz negro realzado con pastel, tiza y gouache blanco sobre papel

310 x 240 mm.

Firmado abajo derecha con lápiz rojo: "degas".

Escrito a lápiz "oreille transparente", "trop crout".

Procedencia:

Col. de los herederos del artista.

Col. Duran-Ruel, quien vendió el dibujo el 20 de marzo de 1920 a Mr. Adolf Treidler, Nueva York.

Col. Knoedler (nº ca 8561), Nueva York.

Exposiciones - Bibliografía:

Catálogo de óleos, pasteles y dibujos por Edgar Degas y procedentes de su estudio, 2ª subasta, Galería Georges Petit, París, 11-13 diciembre 1918, p. 123, nº 220 (a). Reproducido en el catálogo.

Expuesto en *Oleos y Pasteles por Degas*, Galerías Durand Ruel, Nueva York, 9-26enero 1918, nº 84.

Ben NICHOLSON

(Denham 1894 - 1982 Hampstead)
Urbino
1965
Tinta sobre papel marrón sobre papel con gouache
y rayado gris
32 x 30 mm. y 480 x 650 mm.
Firmado y fechado al dorso del papel: "NICHOLSON.
URBINO. 1965".
Procedencia:
Col. Gimpel-Hanover Galerie, Clarinden Strasse 35, Zurich.

Paul KLEE

(Münchenbuchsee 1879 - 1940 Muralto)
Relief im Zeichen des Rechten Winkels
1930
Pincel con tinta sobre papel.
178 x 258 papel pegado sobre otro 330 x 500 mm. en el que
hay dos líneas horizontales de tinta enmarcando el dibujo
pegado.
El dibujo está firmado en el papel abajo izquierda: "Klee".
Escrito a lápiz en el papel "1930 Y8. Relief im Zeichen des
rechten Winkels."
Procedencia:
Col. Feilschenfeldt, Zurich.
Exposiciones - Bibliografía:
Catálogo *Paul Klee* en Städtische Galerie, Berna, 1958, nº 56.

2. La ruptura del cubismo

Georges BRAQUE

(Argenteuil 1882 - 1963 París)
Nature morte
1918 - 1919
Lápiz de color rojo y carboncillo rojo sobre papel.
300 x 650 mm.
Firmado en la parte inferior a la izquierda: "G. Braque".
Procedencia:
Col. Alphonse Kann, París.
Col. Michael Steward, Londres.

Col. J. J. Klejman, Nueva York.
Exposiciones - Bibliografía:
Catálogo Galerie Simon, París, nº 6723, de la colección
Alphonse Kann, París.
Catálogo *Maitres de l'Art Moderne*, Galeria Beyeler, Basilea,
octubre-noviembre 1957, nº16.
Esta sanguina fue indudablemente un boceto o estudio
preparatorio para el óleo de Braque de 1921: *Compotier et
Verre*, 195 x 650 mm.

Juan GRIS

(Madrid 1887 - 1927 Boulogne-sur-Seine)
La brague à tabac
1919
Lápiz sobre papel.
224 x 173 mm.
Sin fecha ni firma.
Procedencia:
Col. Galerie "Il Milione", Milán.
Exposiciones - Bibliografía:
Catálogo *Juan Gris-Dipinti e Disegni 1911-1927*, Milán, marzo-
abril 1968, nº 24. El catálogo lleva un prólogo de Daniel
Henry Kahnweiler, y todas las obras expuestas procedían de
la Galería Louise Leiris 47, rue Monceau, París.

Juan GRIS

(Madrid 1887 - 1927 Boulogne-sur-Seine)
Nature morte
1916
Creyón sobre papel.
255 x 360 mm.
Sin fecha ni firma.
Procedencia:
Col. Jeaune Bucher, París.
Col. J.C. Bellier, París.
Col. Feildschenfeldt, Zurich.
Exposiciones - Bibliografía:
Catálogo *Autour du Cubisme*, Galería Bellier, París, 1967.
Catálogo *Juan Gris*, Museo de la Orangerie, París, 1974, nº 129.
Catálogo *Juan Gris*, Kunsthalle, Baden Baden, 1974, nº 218.

3. La síntesis postcubista

Paul KLEE

(Münchenbuchsee 1879 - 1940 Muralto)
Jung Sein
1926-28
Dibujo a pluma y acuarela sobre papel Ingres blanco.
300 x 300 mm.
Firmado en la parte superior a la derecha: "Klee", y firmado,
titulado y fechado en la parte inferior del cartón: "IV 1926.8
Jung Sein."
Procedencia:
Col. Folkwang Museum, Essen.
Col. Arnold Maremont, Washington.
Col. Galeria Beyeler, Basilea.
Exposiciones - Bibliografía:
Catálogo *Klee 1926*, exposición Berggruen, rue del'
Université, París, nº 8.
Catálogo *Colección Arnold Maremont*, nº 71, Vinnetka,
Washington.

Frantisek KUPKA

(Opocno 1871 - 1957 Puteaux)
Pour un autre langage
1920
Gouache, acuarela y lápiz sobre papel gris.
205 x 215 mm.
Firmado en la parte inferior a la derecha: "kupka".
Procedencia:
Col. Carl Flinken, Rue du Bac, París.
Col. Albert Loeb, Nueva York.

Lyonel FEININGER

(Nueva York 1871 - 1956 Nueva York)
Am Flussufer
1932
Tinta y acuarela sobre papel.
215 x 395 mm.
Firmado y titulado en la parte inferior izquierda: "Feininger.
Am Flussufer" y fechado en la parte inferior derecha: "1932".
Procedencia:
Col. R. N. Ketterer, Campione de Lugano, Suiza.
Col. Marlborough-Gerson Gallery, Nueva York.

Exposiciones - Bibliografía:
Exposición *Feininger*, galería R. N. Ketterer, Campione de Lugano, Suiza, 1965, nº 53, p. 72.
Hans Hess y Julia Feininger, *Feininger*, Harry N. Abrams Inc., Nueva York, 1961.
Catálogo *Lyonel Feininger-Hommage*, Marlborough-Gerson Gallery, Nueva York, junio 1969, nº 107, p. 107.

Henri LAURENS
(París 1885 - 1954 París)
Nature morte avec guitarre
1918
Collage de papeles marrones y lápiz.
590 x 390 mm.
Sin firma.
Procedencia:
Col. David G. Thompson, Pittsburgh.
Col. Galería Beyeler, Basilea.
Exposiciones - Bibliografía:
Catálogo *Thompson Collection de Pittsburgh*, Kunsthaus, Zurich, octubre 1960, nº 107; Kunstmuseum de Dusseldorf, Gemeente Museum de La Haya y Galeria Civica de Turin, octubre 1961.

Ben NICHOLSON
(Denham 1894 - 1982 Hampstead)
Painting '33
1933
Oleo y lápiz sobre tela.
510 x 765 mm.
Sin fecha ni firma.
Procedencia:
Col. Galería Gimpel Fils, South Molton St., Londres.

4. El grafismo pictórico

Edouard VUILLARD
(Cuiseaux 1868 - 1940 La Baule)
Une femme
Lápices de colores sobre papel de acuarela.
410 x 285 mm.
Sin fecha. Firmado en la parte inferior a la derecha: "E. Vuillard".

Procedencia:
Col. M.M. Renou, París.
Subasta de la Galería Parke-Bernett, Nueva York, diciembre 1962.
Exposiciones - Bibliografía:
Catálogo subasta Parke-Bernett, nº 9, 1962.
Registrada en el "Catalogue Raisonne" de la obra sobre Vuillard de Jacques Salomón.

Pierre BONNARD
(Fontenay-aux-Roses 1859 - 1947 Le Cannet)
Nature morte
c.1920
Lápiz sobre papel.
135 x 198 mm.
Sin firma ni fecha.
Procedencia:
Col. Galerie Huguette Beres, Voltaire, París.

BALTHUS
(conde Balthasar Klossowski de Rola, París 1908)
Jeune femme endormie
1955
Lápiz difuminado sobre papel.
410 x 560 mm.
Sin fecha ni firma.
Procedencia:
Col. Galerie Claude Bernard, rue des Beaux Arts, París.
Exposiciones - Bibliografía:
Catálogo de la *Retrospective Exhibition of Balthus for The Arts Council of Great Britain at The Tate Gallery*, Londres, 04.10-10.11.1968 organizada por John Russell.
El nº 74 de ese catálogo reproduce un dibujo muy semejante *Sleeping Girl* (*Study for the Dream*, óleo que figuraba en esa exposición con el nº 12), del que se da como fecha 1955.

Nicholas de STAEL
(San Petersburgo 1914 - 1955 Antibes)
Nu
1953
Tinta con pluma y pincel sobre papel.
480 x 527 mm.
Firmado abajo a la derecha con monograma.

Procedencia:
Col. Jacques Duboury.

Giorgio MORANDI
(Bolonia 1890 - 1964 Bolonia)
Natura morta
1959
Acuarela sobre papel, con trazos de lápiz.
160 x 221 mm.
Firmada a lápiz en el centro, ligeramente hacia la izquierda: "Morandi".
Procedencia:
Col. "Il Milione", Milán.
Col. G. Marconi, Milán.
Exposiciones - Bibliografía:
Homenaje a Giorgio Morandi: Oleos, Acuarelas, Dibujos y Aguafuertes en una Colección particular de Caracas -70 obras, Sala de Exposiciones de la Fundación Mendoza, Caracas, noviembre 1965, nº 30 del catálogo.
Aparece en la serie *Acuarelas de Giorgio Morandi* (reproducidas a todo color sobre papel Fabriano) por "Il Milione", Milán, cuyo sello lleva al dorso.

Julius BISSIER
(Freiburg in Breisgau 1893 - 1965 Zurich)
Sin título
1961
Acuarela sobre papel.
138 x 245 mm. (irregular en la parte inferior)
Firmada y fechada: "J. Bissier / 7 July 61".
Procedencia:
Col. Beyeler, Basilea.
Exposiciones - Bibliografía:
Catálogo *Bissier*, galería Beyeler, Basilea, 1962, nº 13.

5. El desnudo

Gustav KLIMT
(Viena 1862 - 1918 Viena)
Desnudo de pie
c.1890
Lápiz sobre papel.
555 x 370 mm.
Firmado en la parte inferior hacia la derecha con sello:
"GUSTAV / KLIMT / NACHLASS".
Procedencia:
Col. Serge Sabersy Gallery, 987 Madison Avenue, Nueva York.

Henri GAUDIER-BRZESKA
(Saint-Jean-de-Braye 1891 - 1915 Neuville-Saint-Vaast)
Desnudo de mujer
Tinta con pluma sobre papel.
380 x 250 mm.
Sin fecha ni firma.
Procedencia:
Col. Leicester Galleries, Londres.

Filippo DE PISIS
(Ferrara 1896 - 1956 Milán)
Nudo
1918
Sanguina sobre papel verjurado.
310 x 460 mm.
Firmado y fechado a lápiz en el ángulo inferior izquierdo:
"Pisis - 1918".
Procedencia:
Col. Galeria El Secolo, Roma.

Renato GUTTUSO
(Bagheria 1912 - 1987 Roma)
Disegno
Pluma y pincel con aguada sobre papel.
510 x 370 mm.
Firmado a lápiz en el ángulo inferior derecho: "Guttuso".
Procedencia:
Col. Galeria "Il Milione", Milán.
Uno de los bocetos para las ilustraciones de la *Divina
Comedia: Disegni Danteschi.*

Henry MOORE
(Castleford 1889 - 1986 Much-Hadham)
Nude (H.M. Wife)
1934
Acuarela y tinta con pincel sobre papel.
550 x 370 mm.
Firmado y fechado en el ángulo inferior derecho: "Moore 34".
Procedencia:
Col. K. J. Hewett Park St., Londres.

Giacomo MANZU
(Bérgamo 1908 - 1992 Milán)
Nudi di donne
1937 (según carta del artista)
Sanguina con toques de lápiz sobre papel Fabriano.
460 x 260 mm.
Firmado arriba a la derecha: "manzù".
Procedencia:
Col. Galeria Gusoni, Via Manzoni, Milán.

Henri LAURENS
(París 1885 - 1954 París)
Femme couchée
1950
Lápiz sobre papel.
125 x 200 mm.
Firmado en la parte inferior derecha con monograma "HL"
envuelto en una línea de lápiz.
Procedencia:
Col. H. Kahnweiler, París.
Col. Gallerie Louise Leiris (nº 27-1950), rue de Monceau,
París.

Pierre BONNARD
(Fontenay-aux-Roses 1867 - 1947 Le Cannet)
Sin título (Nu)
Lápiz sobre papel.
318 x 260 mm.
Firmado con las iniciales: "PB".
El dibujo está realizado en una de las páginas del libro *Les
Pastorales de Longus ou Daphnis et Chloé*, con 156 litografías del
propio Bonnard, en la edición de Ambroise Vollard, en París
año de 1902, ejemplar nº 85.

6. La Abstracción

Ben NICHOLSON
(Denham 1894 - 1982 Hampstead)
Daddy Long Legs
1952
Oleo y lápiz sobre cartón.
245 x 295 mm.
Firmado, titulado y fechado al dorso, por el autor, lleva los
sellos de la galería Saidenberg de Nueva York y Beyeler
de Basilea.
Procedencia:
Col. Galería Beyeler, Basilea.

Marc TOBEY
(Centerville 1890 - 1976 Basel)
Composition
1961
Acuarela y gouache sobre papel.
525 x 300 mm.
Firmada y fechada en el ángulo inferior izquierdo:"Tobey61".
Procedencia:
Col. Galeria Hervé Odermatt, Faubourg St. Honoré, París.

Ennio MORLOTTI
(Lecco 1910 - 1992 Milán)
Fiore
1964
Lápiz y carboncillo sobre papel.
365 x 510 mm.
Firmado y fechado a lápiz en la parte inferior hacia la
derecha: "Morlotti 64".
Procedencia:
Col. Gal. Odyssia, via Ludovisi, Roma.

Jean DUBUFFET
(Le Havre 1901 - 1985 París)
Deux personnages dans un paysage
1960
Tinta china sobre papel.
250 x 320 mm.
Firmado y fechado abajo derecha a tinta: "J.D. / mai 60".

Procedencia:
Col. Gimpel Fils Gallery , South Molton St., Londres,
W1-4009 nº foto 87793.
Col. Gimpel y Hannover Galerie, Claridenstrasse 35, Zurich.

7. El retrato

Arturo MICHELENA
(Valencia 1863 - 1898 Caracas)
Retrato de hombre
Lápiz sobre papel.
300 x 220 mm.
Sin fecha ni firma.
Escrito arriba a la derecha con tinta de bugalla, muy debilita-
da: "Doy fe que este dibujo es de / mi finado marido Arturo /
Michelena / Su viuda / Lastenia de Michelena"

Arturo MICHELENA
(Valencia 1863 - 1898 Caracas)
Retrato
Lápiz y carboncillo sobre papel.
320 x 250 mm.
Sin fecha ni firma.
En el reverso tiene otro dibujo, un doble apunte de un hom-
bre con chistera y de otro con sombrero.

Arturo MICHELENA
(Valencia 1863 - 1898 Caracas)
Mujer cosiendo
Lápiz sobre papel verjurado.
200 x 260 mm.
Sin fecha ni firma.
Escrito abajo a la derecha con tinta china: "Doy fe que este
dibujo es / de mi finado marido Arturo / Michelena / Su viu-
da / Lastenia T. de Michelena".

Arturo MICHELENA
(Valencia 1863 - 1898 Caracas)
Sin título
Lápiz sobre papel de acuarela.
240 x 158 mm.

Sin fecha ni firma.
Escrito arriba a la derecha con lápiz muy debilitado: "General
continuista". Abajo con tinta, de otra mano: "Por Arturo
Michelena 1953 Lastenia Tello de Michelena". La última sílaba
está fuera del papel del dibujo, escrita sobre el papel de fondo.

8. La caricatura

Max BEERBOHM
(Londres 1872 - 1956 Londres)
The Rare, the Rather Awful Visits of Albert Edward,
Prince of Wales to Windsor Castle
1921
Acuarela sobre papel.Z
330 x 190 mm.
Firmado y fechado abajo a la izquierda: "Max 1921".
Exposiciones - Bibliografía:
Catálogo *Cartoons and Caricatures,* The Arts Council of Great
Britain, nº 101.
Catálogo *Caricatures of Max Beerbohm,* compilado por Rupert
Hart-Davis, Macmillan, Londres, 1972, nº 167.

Max BEERBOHM
(Londres 1872 - 1956 Londres)
Paul Verlaine
c.1919
Acuarela y tinta sobre papel.
320 x 190 mm.
Firmado arriba a la derecha: "Max".
Exposiciones - Bibliografía:
Catálogo *Cartoons and Caricatures,* The Arts Council of Great
Britain, nº 110.
Catálogo *Caricatures of Max Beerbohm,* compilado por Rupert
Hart-Davis, Macmillan, Londres, 1972, nº 208.

Sir Norman REID
(Londres 1915)
Caricatura José Luis y Beatriz Plaza
1984
Acuarela y lápiz sobre papel.
210 x 180 mm.
Firmado y fechado abajo a la derecha: "ferrara 3.XI.84".

Escrito a tinta: "Jose Luis, having eaten the lightest pudding
ever at 'La Provvidenza' in Ferrara / has some difficulty in
keeping his feet on the ground".

9. Dibujos de escultores

François-Auguste RODIN
(París 1840 - 1917 Meudon)
Nu allongé
Acuarela de tono rosa y aguada blanca y carboncillo sobre
papel.
250 x 320 mm.
Sin fecha ni firma.
Procedencia:
Col. Russell, Londres.
Col. Beyeler, Basilea.

Amedeo MODIGLIANI
(Livorno 1884 - 1920 París)
Retrato de mujer
Lápiz sobre papel.
425 x 260 mm.
Firmado en la parte inferior a la izquierda: "modigliani".
Procedencia:
Col. Renato Perugia, Italia.

Amedeo MODIGLIANI
(Livorno 1884 - 1920 París)
Tête
c.1910-1911
Carboncillo y lápiz sobre papel.
430 x 260 mm.
Sin firma, pero con el sello en rojo del Dr. Paul Alexandre y
nº 22,2 de su colección, en la parte inferior a la derecha.
Presenta otro dibujo a lápiz en el dorso.
Procedencia:
Col. Paul Alexandre, París (autentificación del Dr. P.
Alexandre al dorso de una foto).
Col. Galeria "Il Milione", Milán, (nº 9553).
Exposiciones - Bibliografía:
Ambrogio Ceroni: *Amedeo Modigliani, Dessins et Sculptures.* Ed.
del Milione, Milán, 1965, nº 42.

Amedeo MODIGLIANI
(Livorno 1884 - 1920 París)
Caryatide
c.1912-1914
Acuarela azul y roja y lápiz sobre papel.
540 x 425 mm.
Firmado abajo a la derecha: "Modigliani".
Procedencia:
Col. Paul Guillaume, París.
Col. Leo Glass, Nueva York.
Col. Perls Gallery, Nueva York.

Aristide MAILLOL
(Banyuls-sur-Mer 1861 - 1944 Banyuls-sur-Mer)
Marie
1936
Sanguina sobre papel antiguo.
340 x 240 mm.
Firmado con la inicial "M." envuelta en lápiz.
Procedencia:
Col. Dina Verney, París.
Exposiciones - Bibliografía:
Exposición *Dibujos de Maillol*, Galería Dina Verney, Rue Jacob, París, febrero 1964.

Henri LAURENS
(París 1885 - 1954 París)
Dialogue des courtesanes
c.1925
Collage con tres papeles (negro, amarillo y rosa) sobre cartulina blanca. Gouache blanco sobre papel blanco y lápiz recorriendo todos ellos.
345 x 265 mm.
Firmado abajo derecha con monograma y a lápiz: "HL" y escrito a lápiz "dialogue des courtesanes / 1 esquisse".
Procedencia:
Col. Pierre Berés, París.

Henri LAURENS
(París 1885 - 1954 París)
Zeus y Ares
c.1925
Collage con papel negro y granate, lápiz fino, lápiz graso y tiza.

330 x 260 mm.
Firmado abajo derecha con monograma a lápiz: "HL" y escrito a lápiz "Zeus / Ares / 1 esquisse".
Procedencia:
Col. Pierre Berés, París.

Alberto GIACOMETTI
(Stampa, Suiza 1901 - 1965 París)
Interieur avec figure
1954
Lápiz sobre papel.
580 x 410 mm.
Firmado y fechado en el ángulo inferior izquierdo: "Alberto Giacometti 1954".
Otro dibujo al dorso con la misma estancia desde otra perspectiva.
Procedencia:
Col. Galerie Maeght, París.

Alberto GIACOMETTI
(Stampa, Suiza 1901 - 1965 París)
Naturaleza muerta
1957
Lápiz sobre papel.
500 x 320 mm.
Firmado y fechado en el ángulo inferior izquierdo: "Alberto Giacometti 1957".
Otro dibujo al dorso que representa una silla, sin firmar.
Procedencia:
Col. E. Kornfeld.

Julio GONZALEZ
(Barcelona 1876 - 1942 Arcueil)
Natura morta
1929
2 dibujos tinta y lápiz sobre papel.
201 x 155 mm. y 155 x 90 mm.
Sin fecha ni firma.
Exposiciones - Bibliografía:
Nº 72 A y 72 B exposición *Julio González* (retrospectiva), Museo Guggenheim, p. 72 del catálogo.
Catálogo *Julio Gonzalez*, Akademia der Kunste, Berlín, nº 161 y 162, láminas 56 y 57, p. 65.

Henry MOORE
(Castleford 1889 - 1986 Much-Hadham)
Arrangement of Figures
1943
Carbón y ciertos rasgos con lápices de colores sobre papel.
380 x 560 mm.
Firmado y fechado en el ángulo inferior derecho: "Moore 43".
Procedencia:
Col. Leicester Galleries, Londres.
Exactamente de la misma época y manera que los más apreciados de su obra como dibujante, conocidos bajo el título general de los *Shelter*, hechos durante la guerra de 1939-1945, en los refugios del metro de Londres.

Marino MARINI
(Pistoia 1901 - 1980 Viareggio)
Giocoliere e cavallo
1953
Dibujo al punzón sobre fondo de acuarela marrón, sobre papel negro.
425 x 620 mm.
Firmado y fechado en el papel negro abajo con lápiz: "MARINO / 1953".
Procedencia:
Del estudio del artista en Piazza Mirabello, Milán.

Marino MARINI
(Pistoia 1901 - 1980 Viareggio)
Giocoliere e cavallo
1953
Dibujo al punzón sobre fondo de acuarela verde, sobre papel crema.
425 x 620 mm.
Firmado y fechado abajo en verde: "MARINO 1953".
Procedencia:
Del estudio del artista en Piazza Mirabello, Milán.

Eduardo CHILLIDA
(San Sebastián 1924)
Composition
c.1966
Collage con papeles negros y gouache marrón y ocre sobre cartulina canson.

710 x 500 mm.

Firmado a lápiz abajo izquierda y monograma: "Chillida".

Procedencia:

Col. Galerie Maeght, París.

10. Morandi frente a Calder

Giorgio MORANDI

(Bolonia 1890 - 1964 Bolonia)

Paesaggio

1934

Lápiz graso sobre papel.

240 x 280 mm.

Firmado y fechado en la parte inferior hacia la izquierda: "Morandi 1934".

Tiene un apunte de una casa por el otro lado del papel, fechado en 1935.

Procedencia:

Col. Dr. P. Rollino, Roma.

Col. Mr. Estorick, Londres.

Col. Grosvenor Gallery, Londres.

Exposiciones - Bibliografía:

Mario Ramous, *Giorgio Morandi*, Ed. d'Arte L. Capelli, Bologna, 1949, fig. 8.

Giuseppe Raimondi, *Le Arti*, vol. III, fig. 23.

Bernhard Degenhart, *Italianische Zeichner der Gegenwart*, Berlín 1956, fig. 30.

Homenaje a Giorgio Morandi: Oleos, Acuarelas, Dibujos y Aguafuertes en una Colección particular de Caracas-70 obras, Sala de Exposiciones de la Fundación Mendoza, Caracas, noviembre 1965, nº 32 del catálogo. Conferencia inaugural del Dr. Franco Russoli, Director de la Pinacoteca Brera, Milán.

Giorgio MORANDI

(Bolonia 1890 - 1964 Bolonia)

Natura morta

1960

Lápiz sobre papel.

275 x 190 mm.

Firmado en la parte inferior hacia la izquierda: "Morandi".

Procedencia:

Del artista.

Exposiciones - Bibliografía:

Homenaje a Giorgio Morandi: Oleos, Acuarelas, Dibujos y Aguafuertes en una Colección particular de Caracas-70 obras, Sala de Exposiciones de la Fundación Mendoza, Caracas, noviembre 1965, nº 40 del catálogo.

Giorgio MORANDI

(Bolonia 1890 - 1964 Bolonia)

Natura morta

1958

Lápiz sobre papel.

165 x 240 mm.

Firmado y fechado en la parte inferior hacia la izquierda: "Morandi 1958".

Procedencia:

Del artista.

Exposiciones - Bibliografía:

Homenaje a Giorgio Morandi: Oleos, Acuarelas, Dibujos y Aguafuertes en una Colección particular de Caracas-70 obras, Sala de Exposiciones de la Fundación Mendoza, Caracas, noviembre 1965, nº 38 del catálogo.

Giorgio MORANDI

(Bolonia 1890 - 1964 Bolonia)

Natura morta

1941

Lápiz sobre papel.

210 x 310 mm.

Firmado y fechado en la parte inferior hacia la derecha: "M 1941".

Procedencia:

Col. Dr. P. Rollino, Roma.

Col. Mr. Estorick, Londres.

Col. Grosvenor Gallery, Londres.

Exposiciones - Bibliografía:

Mario Ramous, *Giorgio Morandi*. Ed. d'Arte L. Capelli, Bologna, 1949, fig. 23.

Homenaje a Giorgio Morandi: Oleos, Acuarelas, Dibujos y Aguafuertes en una Colección particular de Caracas-70 obras, Sala de Exposiciones de la Fundación Mendoza, Caracas, noviembre 1965, nº 33 del catálogo.

Giorgio MORANDI

(Bolonia 1890 - 1964 Bolonia)

Natura morta

1952

Lápiz sobre papel.

235 x 334 mm.

Firmado y fechado en la parte inferior en el centro: "Morandi 1952".

Procedencia:

Del artista.

Exposiciones - Bibliografía:

Homenaje a Giorgio Morandi: Oleos, Acuarelas, Dibujos y Aguafuertes en una Colección particular de Caracas-70 obras, Sala de Exposiciones de la Fundación Mendoza, Caracas, Noviembre 1965, nº 35 del catálogo.

Giorgio MORANDI

(Bolonia 1890 - 1964 Bolonia)

Natura morta

1960

Lápiz graso sobre papel.

235 x 330 mm.

Firmado en la parte inferior hacia el centro: "Morandi".

Procedencia:

Del artista.

Exposiciones - Bibliografía:

Homenaje a Giorgio Morandi: Oleos, Acuarelas, Dibujos y Aguafuertes en una Colección particular de Caracas-70 obras, Sala de Exposiciones de la Fundación Mendoza, Caracas, noviembre 1965, nº 39 del catálogo.

Giorgio MORANDI

(Bolonia 1890 - 1964 Bolonia)

Natura morta

1963

Acuarela sobre papel.

210 x 310 mm.

Firmado a lápiz en la parte inferior hacia la izquierda: "Morandi".

Procedencia:

Col. Dr. Ricardo Jucker, Milán.

Exposiciones - Bibliografía:

Homenaje a Giorgio Morandi: Oleos, Acuarelas, Dibujos y Aguafuertes en una Colección particular de Caracas-70 obras, Sala de Exposiciones de la Fundación Mendoza, Caracas, noviembre 1965, nº 31 del catálogo.

Expuesta y reproducida en el catálogo *Geschichte des Aquarell 1250-1950*, Haus der Kunst, Munich, octubre-noviembre 1972, organizada por Walter Koschatzky, director de la Albertina de Viena.

Giorgio MORANDI
(Bolonia 1890 - 1964 Bolonia)
Natura morta
1963
Acuarela sobre papel.
300 x 205 mm.
Firmado a lápiz en la parte inferior al centro: "Morandi".
Procedencia:
Col. Galería Schubert, Milán.

Alexander CALDER
(Philadelphia 1898 - 1976 Nueva York)
Apunte guardias
c. 1955
Lápiz sobre papel.
327 x 142 mm.
Sin fecha ni firma.
Procedencia:
Del artista.

Alexander CALDER
(Philadelphia 1898 - 1976 Nueva York)
Caricatura de Carlos Raúl Villanueva
1963
Tinta china con pincel sobre papel duro.
108 x 76 mm.
Firmado abajo al centro derecha, con tinta: "Carlos para Sandy/63".
Procedencia:
Del artista.

Alexander CALDER
(Philadelphia 1898 - 1976 Nueva York)
Sin título
1958
Tinta china y lápices de colores sobre papel.
395 x 295 mm.
Son dibujos realizados en sobres de cartas dirigidas desde su estudio en Roxbury, Conneticutt, al arquitecto Villanueva, a su casa de la calle Los Jabillos 27 en la urbanización de La Florida en Caracas, en tres fechas diversas de enero a septiembre de l958 según indica el matasellos.

Alexander CALDER
(Philadelphia 1898 - 1976 Nueva York)
Maqueta de Móvil
c.1956
Tinta china y lápices de colores sobre papel.
215 x 275 mm.
Firmado abajo a la derecha: "Sandy".
Escrito asimismo: "If mobile is too deep, eliminate/ A and B, and hook "C" on directly/ balance with [ ] weight, putting wire/ through hobs + loopin end of rod".
Procedencia:
Del artista.

Alexander CALDER
(Philadelphia 1898 - 1976 Nueva York)
Ricordi
1964
Lápiz y lápices de colores, tinta china y tinta azul sobre tres papeles.
370 x 750 mm.
Firmado abajo a la derecha con tinta: "para Carlos (el diablo!). Sandy".
En este dibujo Calder hace una recapitulación de las piezas realizadas en Venzuela, contemplando 28 obras con el nombre del propietario, al margen de las realizadas para la Universidad y para el propio arquitecto.
Procedencia:
Del artista.

Alexander CALDER
(Philadelphia 1898 - 1976 Nueva York)
Modelo para paneles Aula Magna
c.1953
Lápiz y tinta china, gouache rojo y amarillo, y aguada.
765 x 1055 mm.
Firmado abajo a la derecha a lápiz: "Calder".
Es un ejemplo de la imagen de los paneles que está diseñando para el auditorio y Aula Magna de la Universidad, dando a través de la figura de una persona a lápiz el sentido de la escala de las pantallas que recogerán el sonido en el techo de ese gran salón.

Alexander CALDER
(Philadelphia 1898 - 1976 Nueva York)
Circo
1958
Tinta con pluma sobre papel.
745 x 1035 mm.
Firmado abajo a la derecha: "para Margot y Carlos R. / Sandy Calder '58".
Es un dibujo del eterno tema de Calder del mundo del circo, con dos personajes desnudos, uno a caballo y el otro de pie con un gran lazo.
Procedencia:
Del artista.

Alexander CALDER
(Philadelphia 1898 - 1976 Nueva York)
Ídolos
1962
Oleo negro sobre papel.
74 x 104 mm.
Firmado abajo con pincel y tinta: "para Carlos R.V. / Calder 62".
Dibujo esquemático de unos ídolos, un hombre y una mujer con dos animales, recordando unas figuras africanas que el arquitecto Villanueva poseía en su casa.
Procedencia:
Del artista.

Bibliografía

Kosme de Barañano

Theophilus, *Schedula diversarum artium* (s. X-XI), edición de C.R. Dowell, Londres, 1961 (latín-inglés) y de J.G. Hawthorne, Chicago, 1963 (latín medieval-inglés). Traducido al alemán por A. Ilg en: *Quellenschriften für Kunstgeschichte*, ed. Edelberg, Viena, 1874 (ésta es una edición crítica con los diversos manuscritos).

C. Cennini, *Il Libro dell'Arte*, (s. XIV, copia de 1437), ed. Brunello (con bibliografía), Vicenza, 1971. Traducción alemana de A. Ilg en: *ibidem*, Viena, 1888: "Das Buch von der Kunst". Traducción española: F. Pérez-Dolz, *El libro del Arte*, Barcelona, 1950.

Henry Peachen, *The Art of Drawing with the Pen*, Londres, 1608, y *The Compleat Gentleman to which is added the Gentleman's Exercise*, Londres, 1634 y 1661. Véase el contenido en F.J. Levy, "Henry Peachen and the Art of Drawing", en: *Journal of Warburg and Courtauld Institute*, nº 37, Londres, 1974, pp. 174-180.

Gerhard zur Brügge, *Illuminierkunst, oder der rechte Gebrauch von Wasserfarben*, Hamburgo, 1677 (en alemán moderno de John Langen-Naumann y Wolff).

Charles Lock Eastlake, *Materials for a History of Oil Painting*, Londres, 1847. Edición crítica: *Methods and Materials of Painting of the Great School and Masters*, 2 vol., Nueva York, 1960.

Rudolf von Eitelberger (editor), *Quellenschriften zur Kunstgeschichte und Kunsttechnik des Mittelalters und der Renaissance*, 18 vol., Viena, 1871-82.

Philip G. Hamerton, *The Graphic Arts: A Treatise on the Varieties of Drawing, Painting, and Engraving*, Mac Millan, Nueva York, 1882.

Hillary Bell, "Silver-Point: A Neglected Art", en: *The Monthly Illustrator*, Londres, 5 julio 1895.

Joseph Meder, *Buchlein vom Silberstift: Ein Tractatlein für Maler*, Niklastag, Viena, 1909.

Theodor Wunderlich, *Zeichenkunst, Zeichenunterricht und allgemeine Kunstbildung im XIV-XVIII. Jahrhundert. Im Zusammenbang mit der Geschichte des gesamten Kultur-und Geisteslebens*, Berlín-Colonia, 1911.

Joseph Meder, *Die Handzeichnung. Ihre Technik und Entwicklung*, Viena, 1919.

Charles de Tolnay, *History and Technique of Old Master Drawings*, Nueva York, 1943.

Jacob Perkins, *Graphic: His Inventions, His Time*, The Historical Society of Pennsylvania, 1943.

L. Richmond y J. Littlejohns, *The Technique of Pastel Painting*, Londres, 1946.

Kurt Badt, *The Drawings of Delacroix*, Oxford, 1946.

Edwin C. Ellis, *The Use of Metalpoint in the Art of Drawing*, State University of Iowa, 1949.

Otto Fischer, *Geschichte der Deutsche Zeichnung und Graphik*, Bruckmann, Munich, 1951.

Crispijn de Passe, *Le arte del disegnar*, Amsterdam, 1954.

John Goldsmith Philipps, *Early Florentine Designers and Engravers*, Harvard University Press, Cambridge, Massachusetts, 1955.

James Watrous, *The Craft of Old Master Drawings*, University of Wisconsin Press, Madison, Wisconsin, 1957.

Gerard Lindemann, *Prints and Drawings*, Londres, 1960.

Daniel V. Thompson, *The Practice of Tempera Painting*, Yale University Press, Nueva York, 1936. Reedición: Dover, Nueva York, 1962.

R. Wittkower, *The Drawing of the Carraci at Windsor Castle*, Londres, 1962.

Kurt Badt, *Raumphantasien und Raumillusionen*, Colonia, 1963.

P.S. Rawson, *Drawing*, Londres-Nueva York, 1969.

John L. Draves, *Drawing as a Means of Expression with a Survey of Education, Work and Teaching of Paula Gerard*, University of Chicago, 1969.

Micheline Sonkes, "Le dessin sous-jacent chez les primitifs Flamands", en: *Bulletin IRPA*, nº 12, París, 1970, pp. 195-225.

Michel Poirier, "The Role of the Concept of Disegno in Mid-Sixteenth Century Florence", en: *The Age of Vasari*, University of Notre Dame, State University of New York at Binghamton, 1970.

Max Doerner, *Malmaterial und seine Verwendung im Bilde*, Enke Verlag, Stuttgart, 1960. Traducción española: *Los materiales de pintura y su empleo en el arte*, Ed. Reverté, Barcelona, 1965, 2da. ed., 1975.

Francis M. Langlois, *Metalpoint Drawing: History and Techniques*, University of Wisconsin, Milwaukee, 1975.

Bernice Rose, *Drawing Now*, catálogo de exposición en el MOMA, Nueva York, 1976.

Franz Meyer y Felix Zdenek, *Zeichen-Bezeichnen*, catálogo de exposición en el Kunstmuseum, Basilea, 1976.

Theodore E. Stebbins, *American Master Drawings and Watercolors*, Harper and Row, Nueva York, 1976.

Daniele Giraudy, *Du point à la ligne*, catálogo de exposición en el Centre Georges Pompidou, París, 1976.

R. Posner y H.P. Reinecke (editores), *Zeichenprozesse. Semiotische Forschungen in den Einzelwissenschaften*, Wiesbaden, 1977.

Harvey Dinnerstein, *Harvey Dinnerstein Artist at Work*, Watson-Guptill Publishing, Nueva York, 1978.

C. Hayes, *The Complete Guide to Painting and Drawing Techniques and Materials*, Oxford, 1978.

Wolfgang Kemp, *Zeichen und Zeichenunterricht der Laien 1600-1870*, Frankfurt, 1979 (en especial el capítulo 5: "Die Methoden des Zeichenunterrichts").

B. Chaet, *An Artists Notebook: Techniques and Materials*, Nueva York, 1979.

Janet Kardon y otros, *Drawings: The Pluralist Decade*, catálogo de exposición en el Institute of Contemporary Art, Philadelphia, 1980.

Achille Bonito y otros, *Die Enthauptete Hand*, catálogo de exposición de 100 dibujos de artistas italianos en la Kunstverein, Bonn, 1980.

C. Maltese (editor), *Le technique artistice*, Milán, 1973. Traducción española: *Las técnicas artísticas*, Ed. Cátedra, Madrid, 1981.

Hilton Brown, "Looking at Pictures", en: *American Artist*, nº 45, Nueva York, mayo 1981.

Phyllis Plous, *Contemporary Drawings: In search of an Image*, Museo de la Universidad de Santa Bárbara, California, 1981.

Francis A. Lewis, *Drawing in Early Renaissance Italy*, Yale University Press, Nueva York, 1981.

Susan Lambert, *Reading Drawings. A Selection from the Victoria and Albert Museum*, The Drawing Center, Nueva York, 1984.

Bruce Weber, *The Fine Line: Drawing with Silver in America*, Norton School of Art, Florida, 1985.

Walter Hoops y otros, *American Drawings*, Menil Foundation, Houston, 1985. Traducción alemana con prólogo de Klaus Gallwitz: Städelschen Kunstinstitut, Frankfurt, 1985.

Konrad Oberhuber y otros, *Dibujos. Colección Woodner*, Fundación Amigos Museo del Prado, Madrid, 1987.

Paul Cummings, *20th. Century Drawings from de Whitney Museum*, Whitney Museum, 1987.

Ellen Jacobowitz, *New Art on Paper*, Museo de Philadelphia, 1988.

Wolfgang Holler, *Zeichenkunst der Gegenwart: Sammlung Prinz von Bayern*, catálogo de exposición en el Staatliche Graphische Sammlung, Munich, 1988.

Ezio Manzini, *The Material of Invention. Materials and Design*, MIT Press, Cambridge, 1989.

Juan Carrete y otros, *La formación del artista. De Leonardo a Picasso*, catálogo de exposición en la Calcografía Nacional, Madrid, 1989.

Dieter Koeplin, *Zeichnungen aus dem Kupferstich Kabinett Basel*, Nuremberg, 1990.

Rainer Budde y otros, *Raffael und die Zeichenkunst der italianischen Renaissance*, catálogo de exposición en el Musée de Lille y Wallrag-Richartz Museum, Colonia, diciembre 1990.

Guy Davenport, *Artists' Sketchbooks*, catálogo de exposición en la Galería Mathew Marks, Nueva York, 1991.

Jean Ch. Ammann y otros, *E. Hoffmann-Stiftung* (colección de dibujos cedida al Kunstmuseum de Basilea), Wiese Verlag, 1991.

Gilbert Lascault, *La Sculpture et son Dessin. De Rodin à Robert Morris*, catálogo de exposición en la Galerie J.G. Mitterrand, París, 23 mayo-13 julio 1991.

Jean Dubuffet, dans la perspective du Deviseur, catálogo de exposición en la Galerie Jeanne Bucher, París, 31 mayo-12 julio 1991.

Bernice Rose, *Allegories of Modernism Contemporary Drawings*, catálogo de exposición en el MOMA, H. Abrams, Nueva York, 1992.

Juan José Gómez Molina, *El dibujo: belleza, razón, orden y artificio*, catálogo de exposición en la Fundación Mapfre, Madrid, 23 julio-30 septiembre 1992.

Copier Créer. De Turner a Picasso, catálogo de exposición en el Museo de Louvre, París, 26 abril-26 julio 1992.

Linda Konheim Kramer, *The Second Dimension. Twentieth-Century Sculptor's Drawings from the Brooklyn Museum*, catálogo de exposición, 25 junio-19 septiembre 1993.

Paul Jeromack, "Studies in Stability", en: *Art et Action*, nº 76, Londres, otoño 1993.

Bernice Rose, *Henry Moore, A Sculptor's drawings*, catálogo de exposición en la Gallery Pace, Nueva York, diciembre 1993.

✦ CentroCulturalConsolidado

Torre Consolidada, Plaza La Castellana

Caracas 1060, Venezuela

Tel. (582) 206 3231 - 206 3246

Fax (582) 206 3162

Horario

Sala de Exposiciones

Martes a domingo, de 10:00 a.m. a 6:00 p.m. Lunes cerrado

Oficinas

Lunes a viernes, de 8:00 a.m. a 12:00 m. y de 2:00 a 6:00 p.m.